일러두기
이 책은 2008년부터 최근까지 월간 〈행복이가득한집〉에 연재되었던 기사를 단행본으로 묶은 것입니다.
단행본으로 엮으면서 게재 순서를 달리했으며, 경우에 따라 현재 작업실 모습과 다를 수 있습니다.

이 도서의 국립중앙도서관 출판시도서목록(CIP)은 서지정보유통지원시스템 홈페이지
(http://seoji.nl.go.kr)와 국가자료공동목록시스템(http://www.nl.go.kr/kolisnet)에서
이용하실 수 있습니다.(CIP제어번호: CIP2013021209)

작업실,
구경

엿보고 싶은 작가들의 25개 공간

〈행복이가득한집〉 편집부

*design*house

예술가의 방으로 초대합니다

　　　　　매달 남다른 잡지 한 권씩을 만들기 위해 우리 기자들은 아름답기로 소문난 공간을 누구보다 발 빠르게 찾아다닙니다. 색다른 아이디어를 적용해 짓거나 감각 있게 꾸민 공간을 골라 멋진 사진과 함께 기사화하면 많은 독자들은 그 집들을 교과서 삼아 자신의 공간에 적용해보거나, 현재 여건이 여의치 못하다면 "언젠가는 저렇게 아름다운 공간을 가져야지" 하며 행복한 미래를 꿈꿉니다. 특히 '아름다움에 목숨 거는' 예술가들의 공간을 두루 구경해보면 그 생각은 더욱 확고해집니다. 그리고 그곳이 작가의 작품이 탄생하는 공간이라면 좀더 특별한 시선으로 바라보게 되죠. 작품을 구상하고 만들며 하루의 가장 오랜 시간을 보내는 공간, 치열한 고민과 희열이 교차하는 공간, 때로는 지극히 사적인 생활이 이루어지는 바로 그 공간에서 작품의 탄생 과정이나 그 흔적들을 엿보는 일은 또 다른 상상력을 선사합니다. 여타의 전시공간에서는 볼 수 없었던 작가의 작품 세계를 들여다 보는 기회가 되기도 하고요.
　　　　　이 책은 〈행복이가득한집〉이 근년에 문을 두드려 만난 화가, 도예가, 사진가, 판화가, 그래픽 디자이너, 일러스트레이터, 패션 디자이너, 미디어 아티스트, 궁중채화 장인, 인테리어 디자이너, 가구 디자이너, 푸드 스타일리스트, 조각가 등 스물다섯 명의 공간을 모은 것입니다. 이 세상 어떤 직업군의 사람들보다 날 선 크리에이티브와 뛰어난 감각을 소유한 이 예술가들 앞에 일반적인 원칙이나 교과서적인 트렌드는 큰 의미가 없습니다. 아무도 가지 않은 길을 걸으며 길을 내듯 자기만의 방식으로 새로운 아름다움을 만들어가는 이들이니, 일상의 공간 역시 뛰어난 안목과 자신감 있는 취향을 펼쳐놓으며 색다른 공기를 만들어냅니다. 오랫동안 인터뷰를 전문으로 해온 김서령 씨는 찻집에서 세 시간 동안 이야기를 듣느니 살림집에 30분 가보는 것이 훨씬 낫다고 말했습니다.

　　　　욕실 벽에 낚싯대를 작품처럼 걸고, 6m짜리 큰 창이 있는 작업실에 빈티지 오디오 시스템을 갖추고 음악을 크게 들으며 안식을 얻는다는 미디어 아티스트 이용백, 서울 근교에 작업실을 겸하는 집을 짓고 고마운 벗들을 위해 직접 막걸리를 빚는 판화가 구자현, 지붕 각도, 마감재의 종류, 벽돌의 크기와 마모 정도까지 체크하며 손수 지은 작업실에 자신의 모험적인 삶을 녹여낸 사진가 허명욱, 노출 콘크리트 공간에 서까래 같은 천장 마감, 주춧돌을 괸 기둥을 박아 한옥 모티프 화실을 만든 문인화가 구지회, 시어머니께 물려받은 집에 천으로 감싼 소파, 빨간 재봉틀 위의 스마트 TV 등을 놓아 이질적 충돌의 매력을 이용한 패션 디자이너 임선옥, 충남 아산 외암리 솟을 대문이 가장 높은 한옥에 갖가지 글로벌한 데커레이션 아이디어를 담아내 상상력의 끝을 보여준 작가 이상일….

　　　　어찌 보면 예술가는 자기만의 방식으로 새로운 취향을 만들어가는 사람입니다. 다음 장부터 펼쳐지는 스물다섯 개의 사적인 공간을 구경하다 보면 예술가들의 속살을 제대로 만날 수 있습니다. 스토리도 있고 재미도 있지만 '정답은 없는' 공간을 통해 상상력의 힌트를 얻으시면 좋겠습니다.

〈행복이가득한집〉 편집장 구선숙

contents

예술가의 방으로 초대합니다 … 4

미디어 아티스트 이용백
잘 놀고 제대로 일하고 싶은 이용백의 심플 라이프 … 8

판화가 구자현
지난한 노동 끝에 순백의 평면을 얻다 … 22

사진가 허명욱
세월의 흔적을 미화하는 독창적인 아틀리에 … 36

조각가 이재효
조각가의 손을 기다리는 돌과 나무 그리고 잎사귀 … 44

가구 디자이너 한정현
행복을 모으는 사진첩, 이야기가 있는 가구 … 60

푸드 스타일리스트 김정민
프로페셔널 주방에서 스타일이 요리된다 … 76

도예가 고덕우
투박해서 편안하고 그래서 더 아름답다 … 84

문인화가 구지회
과거와 현재를 잇는 이화동 소석화실 … 92

패션 디자이너 임선옥
진지와 유쾌가 공존하는 크리에이티브한 디자인 … 102

화가 백순실
커피향 짙은 캔버스 위에 자연의 숨결을 노래하다 … 118

그래픽 디자이너 조현
타이포그래피로 이어가는 세상과의 소통 … 128

일러스트레이터 이철민
취향이 묻어나는 아지트, 작업실은 스케치북이다 … 136

궁중채화 장인 황수로
화려하게, 내밀하게 꽃으로 피어나는 비단 장식 … 144

가구 디자이너 유정민
담백하면서 모던하게, 나무의 온기를 지닌 디자인 … 160

작가 이상일
외암리 84번지에 펼쳐지는 아티스트의 새로운 무대 … 176

도예가 신상호
예술혼을 불어넣은 흙과 색의 제국 … 196

인테리어 디자이너 홍희수
디자인과 컬러가 교감하는 감각적인 스튜디오 … 216

인테리어 디자이너 이우진
생각이 소요하는 공간, 자유로운 아틀리에 … 224

인테리어 디자이너 김재화
창조와 휴식이 함께하는 디자이너의 홈 오피스 … 232

화가 장원실
축사를 개조해 만든 작업실, 마른 자리 … 244

도예가 이헌정
직관을 신봉하는 작업, 흙의 본성이 드러나도록 … 254

화가 이강소
거칠고 자유로운 붓놀림, 그 뒤에 그려지는 힘찬 평화 … 270

화가 김쾌민
잡동사니와 상념의 집합소, 자극을 주는 작업실 … 284

화가 서용
시대를 뛰어넘어 흙벽에 새긴 영원한 여유 … 290

조각가 안재복
쉴 곳을 선사하는 조각, 내 삶이 예술과 같다면 … 306

대형 설치 작품과 조각, 미디어아트 작품을 만드는
이용백 씨에게는 천장고가 높은 작업실이 꼭 필요하다.

미디어 아티스트 이용백

잘 놀고 제대로 일하고 싶은

이용백의 심플 라이프

이용백은 90년대 초반부터 싱글채널 비디오에서부터 설치, 음향, 키네틱, 심지어 로보틱스 기술에 이르기까지 다양한 테크놀로지를 실험했다. 뿐만 아니라 영상과 설치, 조각, 회화, 퍼포먼스 등 다양한 장르를 넘나들며 존재와 종교, 정치와 사회 등 폭넓은 문제들을 다뤄왔다. 제54회 베니스 비엔날레(2011년) 한국관 단독 작가로 참가해, 베니스 비엔날레에서 한국관 개관 역사상 처음으로 참가작 전체 매진을 기록했다. 이후 세계적으로 크나큰 후광을 얻었으며 세계 콜렉터들로부터 러브콜을 받고 있다. 국내에서는 일찍이 그를 두고 '한국 미디어 아트의 리더'라 부를 만큼 뛰어난 작가로 정평이 나 있다.

베니스 비엔날레에 설치됐던 '피에타Pieta : Self-death', FRP, 2008.

'예술 하지 않는 이용백'이란 없다

오랜 벗인 공간 디자이너 김백선 씨(백선 디자인스튜디오 대표)가 설계한 이 집은 '보호' '온기' 대신 '임시' '전시展示' '예민함' 같은 단어로 채워진 듯하다. 지진계보다 예민한 '예술가'의 울타리이니 그럴 만도 하다. 이집에서 혼곤한 가족의 일상 대신, 예술과의 혈투 같은 열애를 택해 사는 그. 이 남자의 시간을 설명하기 위해 먼저 그 삶의 지향점인 예술을 이야기해야 한다. 애당초 '예술 하지 않는 이용백'은 그의 삶에 없는 거니까. 그는 미디어아트, 회화, 조각, 설치, 퍼포먼스를 넘나들며 대한민국 대표 예술가 계보에 이름을 올렸다. 베니스 비엔날레의 한국관 단독 작가가 된 이후엔 자랑할 만큼 후광도 얻었다(한국 현대미술을 대표하는 강익중, 전수천, 이불, 이형구, 양혜규 씨도 베니스 비엔날레를 통해 이름을 알렸다).

비엔날레 프리뷰 기간 동안 출품작이 모두 예매된 것으로, 세계적 작가 팡리준, 세계 미술계를 좌지우지하는 인물 마이클 제이 콥스가 이미 비엔날레 전 그의 작품을 구매한 것으로 호사가들의 입을 즐겁게 했다. 〈르 몽드〉에서 미술평론가 필리프 디장Philippe Djian이 '주목해야 할 두 개의 전시관'으로 스위스관과 한국관을 꼽기도 했다. 그의 작품엔 어떤 자장磁場이 있어 사람들을 자꾸 불러 세우는 걸까. 고매한 예술 이야기라고 미리 따분해할 필요는 없다. 오랜만에 게으른 뇌를 성가시게 하고 나면 호사스러운 구경을 한 사람처럼 왠지 부자 같은 표정을 지을 테니.

먼저 대표작 '피에타'는 조각을 만들기 위한 틀인 거푸집이 성모마리아가 되고 그 거푸집에서 나온 조각이 예수가 된다. 거푸집이 자신의 틀에서 나온 조각을 끌어안고 슬퍼하기도, 거푸집에서 나온 조각이 거푸집을 공격하기도, 거푸집에서 나온 조각이 죽어 있기도 한다. 누가 뭐라 해도 세상에서 가장 큰 슬픔은 자신의 죽음이 아닐까. 꿈을 포기하고 습관과 관성에 의해 산다면 이 역시 죽음이 아닐까. 나의 시신을 안고 있는 또 다른 나. '현대인의 자기 연

베니스 비엔날레에서 선보인 '브로큰 미러Broken Mirror',
42inch monitor, mac mini, mirror, stereo speakers, 2011.

민과 증오, 자기 죽음'을 표현했다는 이 작품은 들여다볼수록 슬프다. 꽃 더미 속에서 꽃무늬 군복을 입은 군인들이 퍼포먼스를 벌이는 '엔젤 솔저'(사진, 퍼포먼스, 설치, 영상 등으로 전시된다)는 어떠한가. 그의 이야기처럼 '온 세상이 꽃이라면 군복도 꽃이겠구나'란 생각이 들다가도 기이한 공포와 긴장감이 느껴진다(한국의 분단 현실을 보여주는 상징적 작품으로 평가받았다. 또 꽃무늬 옷이 군복이려면 세상도 꽃 천지여야 한다는 강한 평화의 메시지를 담았다. 2008년 퍼포먼스에서는 1백 인의 예술가 부대가 등장해 고정관념과 전쟁을 벌이기도 했다). '브로큰 미러'는 큰 거울 앞에 사람이 서면 거울이 깨지는 소리가 들리고 금이 간다. 거울에 비친 관람객의 모습도 깨져간다. 나를 비추는 미디어의 파열은 곧 내 정체성의 파열로 이어진다는 묵직한 의미, 자신을 깨뜨려야 새로운 나를 만든다는 자기반성의 의미까지 담고 있다. 미끼용 가짜 물고기를 그린 '루어Lure'는 가짜가 진짜를 대체하는 현실을 생각케 한다. 자, 어떠한가? 인간의 삶을 때론 망원경으로, 때론 현미경으로 들여다보고, 때론 영혼을 쓰다듬기도, 때론 불안한 역사를 귓속말로 들려주기도 하는 그의 예술. 이래도 따분한가?

작품 '플라스틱 아이_그린Plastic Eye_Green' 앞에 선 이용백 씨.

껍질을 벗어던지지 않는 한 결코 날개는 돋지 않는다

"예술을 하게 된 이유요? 제가 감동을 받아봤기 때문이에요. 나도 누군가에게 감동을 주고 싶다고 생각했어요. 그렇다면 그 감동이란 뭘까요. 미디어아트, 회화, 조각, 설치, 퍼포먼스를 다 하는 제겐 '무엇으로 그릴까'보다 '무엇을 그릴까'가 더 중요하죠. 독재정권 시대에 대학을 다녔는데, 선생님들이 대부분 미니멀리스트였어요. 어떻게 죄다 미니멀리스트일 수 있을까, 예술이란 영역은 무척 넓은데 왜 이 좁은 영역에 날 가둬놔야 하나 고민했죠. 그러고는 독일 슈투트가르트 국립조형예술대학으로 유학을 갔어요.
제가 존경하는 작가가 백남준, 존 케이지, 요셉 보이스 이렇게 세 분인데, 요셉 보이스에게 배우려고 독일로 간 거죠. 동서양이라는 구분과 무관한 가치를 지닌 사람, 예술에 울타리란 개념이 없는 사람이니까요. 이미 돌아가시고 난 뒤여서 직접 배우진 못했어요. 하지만 그분에 대해 공부하게 됐고, 작업에서 많은 영향을 받았죠.
존경하는 세 예술가의 행로처럼 예술이라는 건 스스로를 해방하고, 다른 사람의 선입견과 편견을 깨부수고, 이해하지 못하는 것과 인식하지 못하는 것을 넓히는 거라고 봐요. 전 그게 감동을 주는 예술이라고 생각해요. '하지 말라'의 세상이 아니라 '해봐라, 해보다가 후지면 안 하면 된다'의 세상을 그들에게서 본 거죠."
그는 그렇게 모험과 실험, 도발을 자신의 무기이자 닻으로 삼았다. 그렇게 뭐든 '해보다' 보니 미디어아트, 회화, 조각, 설치 등을 모두 하는 '종합반' 작가도 됐다.

시대의 마지막 시인 같은 얼굴로 이야기하는 그를 보며 생각했다. 껍질을 벗어던지지 않으면 날개는 돋지 않는다. 도무지 쾌통하지 않는 세상에서 껍질까지 둘러쓴 채 엉거주춤하게 사는 건 얼마나 불행한가. 그렇게 편견에 갇혀 살다 보면 마침내 고개조차 돌리지 못하는 마음의 견비통에 걸려 세상을 바라볼 수조차 없을지 모른다. 그건 우리 모두에게 해당한다. "그렇게 스스로를 해방하려

1 작업실 안은 그의 기척을 느끼게 하는 사물들로 가득하다. 태어난 지 수십 년 넘은 스피커가 한쪽 벽을 장악했다. 2 컴퓨터로 영상을 만드는 미디어 작업실의 한켠. 화구, 카메라 장비, 공구, 스피커 등이 제자리를 찾아 앉아 있다. 3 콘솔도 이용백 씨의 작품이다.

면 자기반성부터 해야 합니다. 자기반성을 하려면 먼저 스스로에게 솔직해져야 하죠." 오랫동안 지니고 있던 것을 제로화할 수 있는 삶의 용기로 가득한 그, 그리하여 곧 어떤 다른 삶의 시리즈도 받아들일 준비가 된 고감도 안테나 같은 그.

잘 노는 남자, 잘 치유하는 남자

이용백 씨의 인생에서 그의 삶을 밀고 당기고 있는 것도 이 솔직함과 단순함이다. "어릴때 부모님이 하지 말라고 한 짓을 지금 다 하고 살아요. 내 감정에 솔직해지는 일이기도 하니까. '낚시질' '오디오질' '자동차질'…. 잘 노는 건 결국 자기를 치유하는 것이니 최대한 잘 놀려고 해요. 내 행복은 역시 남들 하지 말라는 짓 하고 사는 거!" 그는 낚시 채널의 패널로 참여할 정도로 바다낚시광이다. 욕실 벽에 작품처럼 낚싯대를 '모셔두기도' 했다. 스쿠버 다이빙에도 열광하는 그는 지금까지 수백 번을 물속에 들어갔다. 또 빈티지 오디오 마니아인 그의 집에는 1950년대생부터 1970년대생까지 빈티지 오디오와 스피커가 곳곳에 놓여 있다. "홍대 앞에 있는 '블루스 하우스'란 오래된 카페에서 혼자 술 마시며 에스키스(작품 구상을 위한 밑그림 작업)를 많이 했어요. 그런데 김포로 이사 오니까 갈 수가 있어야죠. 그래서 그곳에 준하는 오디오 시스템을 갖추면 되겠다 싶어 하나씩 사 모은 거예요. 작업실의 6m짜리 문을 열고 음악을 크게 틀어 놓으면 참 행복하죠." 그렇게 그에겐 안식이 있다. 하긴 예술이 매일 그렇게 덮어 누르기만 한다면 얼마나 버겁고 지겨운 인생일까. 아티스트 이용백 씨가 아닌, 포내리에 사는 미스터 리로 그는 애견 백두와 백미를 돌보고, 애완해야 할 자식처럼 나무 7백 그루를 키우며, 지천으로 핀 망초꽃 사이를 헤매고 다닌다.

건물은 세 구획으로 나뉜다. 천장고가 높은 작업실,
이용백 씨의 살림집, 2층 구조와 미디어 작업실.

이용백의 심플 라이프

홍대 동기동창생인 김백선 씨가 설계한 이 집은 단순하고 간소하다. "최대한 단순하게, '쎄게' 지어달라"는 그의 간단한 요구에 친구는 "이용백은 우직하고, 헛기교가 없고, 선이 굵다. 그러하니 그렇게 짓겠다"라고 화답했다. 김백선 씨는 집을 세 덩어리로 나누어 천장고가 높은 작업실, 이용백 씨의 살림집, 2층 구조의 미디어 작업실(2층에는 제자들이 거주한다)로 만들었다. 외관이나 실내나 너무 간소해 양념이 부족한 음식 같지만, 고명을 얹지 않은 음식의 담백함 같은 맛이 나는 집이다. "어릴 때 ㅁ자 한옥에 살았는데, 마루 뒤에 네모난 창이 있었어요. 그 뒤란에 할머니가 꽃을 심으셨는데, 바람 타고 향기가 들어오던 그 기억이 생생해요. 이 집에서도 그렇게 보이지 않는 맛이 스며 나오길 바랐어요. 백선이는 이 집에 '움직임'이라는 에너지를 심어줬죠. 긴 담벼락을 따라 이동하는 동안, 채와 채를 넘나드는 동안 움직이는 이의 시점에 따라 열리고 닫히는 에너지. 저는 모든 통로에서 소나무가 보이게끔 건물 사이사이에 소나무를 심었어요. 이 동네가 평야 지대라서 겨울이 되면 삭막하고 콘트라스트가 강해져요. 푸른 기운이 필요하죠. 또 각이 진 건물에 소나무의 유연함이 필요하다 싶었고요." 그 소나무 중 특히 두 채의 집 사이에 서 있는 소나무가 아름답다. 비가 오면 브론즈처럼, 달이 뜨면 고승처럼 보이는 나무. 해가 뜨면 그림자로 벽에 수묵화를 그리는 소나무다.

디자이너인 친구가 집의 틀을 만들었다면 아티스트인 집주인이 손의 수고, 손의 사고思考로 집 안을 다듬었다. 그를 닮아 무뚝뚝해 보이는 가구(집 짓고 난 폐목재로 직접 침대, 식탁, 콘솔까지 만들었다), 조립하는 데 일주일이 걸린다는 모형 배 여러 척도 들어났다. 이렇게 그의 살림집에는 알아봐달라고 말 걸지 않지만 슬몃슬몃 눈이 가는 것들이 있다. "독일 유학 중 제가 중고차를 갖게 됐어요. 그때 아버지가 생애 처음으로 제게 편지를 쓰셨어요. '사물도 네

1 무뚝뚝해 보이지만 한편으로는 늠름해도 보이는 이 집에서 소나무는 화룡정점이다. 2 침실엔 그가 직접 만든 침대가 놓여 있다. 매트리스가 들어갈 부분만 오목하게 파냈을 뿐 아무런 장식도 하지 않아 더 멋스럽다.

가 사랑을 해주면 말을 잘 듣는다.' 그때부터였어요. 사물의 가치를 돈의 잣대로 보지 않게 된 게. 언젠가 모 컬렉터가 저명한 작가의 작품을 제게 선물한다길래 '노 땡큐!' 했어요. 제가 그 작품을 별로 안 좋아해서 집에 걸고 싶지 않았거든요. 그 컬렉터가 나 같은 놈 처음 봤다면서 웃데요. 하지만 그 작품을 좋아하는 분이 소유하는 게 맞는 거 아닌가요?" 우렁우렁 울리는 그 '목욕탕 목소리' 때문인지 난 자꾸 물에 풀린 티슈처럼 마음이 풀어졌다.

"제 작품 중 어떤 건 상업적으로 성공했고, 어떤 건 미술사적으로 가치를 인정받았지만 흥행에선 실패했어요. 저는 제 작품의 세일링 포인트를 25% 정도에 둬요. 그 정도가 되면 제자들 월급 주고 제 생활을 할 수 있어요. 전 그 비율이 맞다고 봐요. 상업적으로만 가면 작가로서의 수명이 불 보듯 뻔할 것이고, 너무 예술적으로만 가도 외로워지고. 그렇게 '발란스'를 유지하는 게 제 삶의 일부죠. 삶을 단순화하는 것도 그렇고. 제가 인생에 대해 얘기하고 술 한잔 하는 사람은 열 명이 안 돼요. 그런 지 몇 년 안 됐어요. 보기 싫은 사람 보는 것보다는 보고 싶은 사람 한 번 더 보자, 그렇게 생각했죠. 그러니 생활이 되게 단순해져요. 늦게까지 작업하다 점심때쯤 일어나서 밥하고, 저녁은 사 먹고, 아버지가 가꾸는 텃밭에도 갔다 오고, 강화시장에도 가고. 백선이가 집에는 책을 두지 말라길래 살림집에선 책도 안 봐요. 작업실과 집이 같이 있다 보니 일상이 엉키기 쉽잖아요. 그냥 뭐 그래요. 단순하죠."

이야기는 끝이 났다. 산허리로 석양이 내려와 있었다. 예술가의 삶의 목록을 고작 원고지 몇 장으로 섭렵하는 건 무모한 짓이다. 게다가 그는 심플하지만 그 안에 숨어 있는 서랍이 아주 많은 사람이다. 그걸 이해하기에 이 가을 해는 너무 짧다.

대형 북판화 작업에 열중하고 있는 우자현 씨.

판화가 구자현

지난한 노동 끝에
순백의 평면을 얻다

구자현은 판화를 고집하는 몇 안 되는 작가 가운데 한 사람이다. 홍익대 응용미술학과에 진학한 뒤, 일본 오사카 예술대학과 교토 세이카대학에서 판화를 공부했다. 1995년 서울국제판화미술제가 시작되기 전까지 그는 한국에서 독보적인 판화작가였으며, 그의 감수를 거쳐 간 작가만 100명이 넘는다. 그는 어느 매체와의 인터뷰를 통해 작업 과정에 쏟는 '노력'을 즐긴다 이야기했는데, 그 작업 과정이라는 것이 알고 보면 참으로 지난하다. 깨끗이 손빨래 한 삼베로 판을 만들고 그 위에 생석회를 개어 덧칠하기를 열두 번. 층층이 두께가 쌓이면 칼과 그라인더로 표면을 다듬어 순백색의 평면을 얻는다. 그렇게 쏟은 시간이 스크린 판화에 10년, 석판화에 20년이다. 매년 국내외에서 개인전을 열었고, 각종 판화비엔날레에서 여러 차례 수상 했다. 판화 부흥을 위해 책을 집필하고 번역서까지 펴냈다.

벽에 걸린 판화는 2009년 서울 국제 판화 사진 미술제에 선보여 큰 호응을 얻은 작품이다. 이 중 세 번째 작품은 에디션 15점을 찍은 것으로, 미술제에서 5점이, 이후 서울 케이앤 갤러리에서 열린 전시회에서 나머지 10점이 모두 완판되었다.

과정이 없으면 결과도 없는 법

작업실에 들어섰을 때, 그는 커다란 독의 주둥이를 감싼 한지를 풀어내고 있었다. 큼지막한 국자를 항아리 속에 집어 넣고 휘휘 젓자 산뜻한 술 향기가 방 안을 가득 채운다. 솔잎을 더해 만든 현미찹쌀 막걸리다. 담근 지 5일째, 지금이 딱 알맞게 익은 때라며 한 국자 떠서 내민다. 술지게미를 헤치고 퍼 올린 뽀얀 막걸리에 푸른빛 가신 솔잎이 동동 떠 있다. '아, 막걸리가 이런 맛이었던가?' 향기롭게 입안을 감도는 맛에 놀라 "우아" 하고 나도 모르게 탄식을 내뱉었다. 일요일 오전 11시, 부지런한 농부의 새참이라면 모를까 술을 마시기에는 조금 이른 시각. 작가 구자현 씨와의 만남은 그렇게 한 사발의 막걸리로 시작되었다.

술이 잘 뜬 것을 확인한 그는 못내 흐뭇한 표정이 되어, 이제 차 한잔 나누자며 일행을 거실로 안내한다. 그래픽적인 면 분할을 이뤄내는 채광 창이 인상적인 계단을 오르니 살림집이다. 군더더기 없이 간결한 공간, 거실에는 덩그러니 식탁 하나 놓여 있을 뿐이다. 온 집 안을 둘러봐도 가구는 몇 점 되지 않는다. 적재적소에서 아우라를 발하는 그의 대형 작품과 창을 통해 전해지는 푸른 산야의 봄기운 때문일까? 비워진 공간이 쓸쓸하거나 궁핍하지 않다.

구자현 씨가 일본 유학을 마치고 1980년대 말 한국으로 돌아와 현대 미술 화단에서 본격적으로 활동한 지 어언 20여 년. 그는 한국 판화 미술계에서 입지전적인 존재다. 그러나 나는 그를 템페라 작품으로 처음 만났다. 그저 하얀 평면, 아무것도 더하지 않은 원형의 흰색 캔버스 가장자리에 붓이 스쳐가듯 얇은 금박을 더한 작품이었다. 그 작품이 템페라인지, 템페라가 무엇인지도 모르면서 그저 바라본 새하얀 평면, 그 단순함 속에 깃든 고요가 자꾸만 시선을 끌어당겼다. 템페라는 6백 년 역사를 지닌 서양의 전통 회화 기법으로 다 빈치의 '모나리자'도 템페라 기법으로 그려진 그림이다. 세 번이나 손빨래한 삼베를 붙여 판을 만들고, 그 위에 아교를

템페라 작품의 경우 아크릴 박스로 액자를 만드는데, 그는 작품을 액자에 넣고 마무리하는 작업도 스스로 한다.

섞어 갠 생석회 덧칠하기를 열두 번. 겹겹이 더해진 생석회 표면을 칼로 다듬고 그라인더로 갈아서 완성한 흰 바탕. 땀방울로 얼룩 지는 지루하고 반복적인 노동의 과정을 거쳐야 비로소 얻어지는 순백의 평면. 과정은 무시되고 결과만을 중요시하는 각박한 세상이라지만, 과정이 없으면 결과도 없는 법이다. 그저 새하얀 평면일 뿐인데 내 마음을 움직인 심연의 세계, 그 알 수 없는 힘은 바로 그 지난한 과정 속에 숨겨져 있었다.

그는 판화와 회화 작업을 꾸준히 병행하고 있지만 많은 이들이 구자현 하면 판화를 떠올린다. 일본에서 돌아온 1980년대 후반, 한국 미술계에서 판화에 대한 관심이 높아지면서 대학에 판화과가 생기고 많은 작가들이 판화 작업을 선보이기 시작했다. 판화는 그 어떤 작업보다 테크닉이 중요한 장르인지라 판화에 관한 한 독보적인 노하우와 지식을 갖고 있는 그에게 많은 작가들이 판화 제작을 의뢰했다. 1995년 서울 국제 판화 사진 미술제가 생길 때까지 7~8년간 그가 판화를 제작하거나 감수해준 작가만 무려 1백 명이 넘는다. 판화 미술제의 중심에 언제나 그가 있었기에 "구자현 없는 판화 미술제는 앙꼬 없는 찐빵"이라는 말이 있을 정도다.

경기도 양평의 산자락에 자리한 이 집으로 이사온 것은 지난 2007년. 서너 달이면 다 지을 집을 짓는 데 꼬박 2년 반이라는 시간이 걸렸다. 수중에 있는 6백만 원을 밑천 삼아 겁도 없이 시작한 집 짓기는 그림 한 점 팔려야 먹고살 수 있는 그림쟁이에게 시간을 요구했다. 그 덕에 시멘트 독이 다 빠지고 나서야 이사왔다며 그는 어렵다면 어렵고, 쉽다면 쉬운 집 짓던 이야기를 들려준다. 설계는 건축가 최욱 씨가 맡았다. 건축가 최욱 씨의 아내가 작가 지니 서 씨라는 것을 알고는 더 물을 것도 없이 그에게 설계를 맡겼다.

1 집터가 산기슭에 자리해, 앞에서 보면 1층인 작업실이 뒷편에서 보면 지하층이다. 2 1층 작업실에서 2층 살림 공간으로 오르는 계단 벽에 액자처럼 유리창을 달았다. 3 이 집은 특이하게도 건물 전면에 복도를 내고 유리창으로 벽을 마감했다. 벽에 걸린 작품은 구자현 씨의 금지화. 4 30년 전 제주도 신혼여행에서 구입한 제주 반닫이. 위쪽에 걸린 판화는 이우환 씨 작품이다.

미술가의 작업실을 겸하는 집을 디자인하는 데 있어 작가 아내와 사는 건축가보다 좋은 경우가 어디 있겠나. 구자현 씨의 아내는 운 좋게 이곳으로 이사와 행복하고 감사한 일뿐이라고 말한다. 무엇보다도 남편이 넓은 작업실을 갖게 돼 대형 작품도 원 없이 할 수 있고, 소음과 먼지를 동반하는 고된 작업에 이웃의 눈치를 살피지 않아도 되니 이보다 더 좋을 수 없다고.

손님은 나의 휴식

작가들이 풍광 좋은 근교로 작업실을 옮기면 한 2년 동안은 손님을 치르느라 작업할 겨를이 없다는 이야기를 들은 적이 있다. 주변 친지와 지인들이 휴가철과 주말이면 별장마냥 드나드는 통에 고생한다는 이야기다. 그러나 그는 손님을 무척 반긴다. 그에게 손님은 곧 휴식이다. 아침에 눈을 뜨면 들녘으로 나서는 농부처럼 한 번 작업실에 내려가면 해가 저물 때까지 작업에 몰두하는 단순한 생활. 1년 3백65일을 한결같이, 때로는 지독하다 싶을 정도로 묵묵하게 작업하는 그에게 손님은 예술가를 방해하는 불청객이 아닌 그나마 쉴 수 있는 짬을 내주는 고마운 존재다. 그렇게 고마운 벗들과 함께 나누기 위해 그는 직접 막걸리를 담근다. 1년 전 이웃에게 배운 솜씨다. 오늘 아침 독을 헌 막걸리는 며칠 후 만나게 될 제자를 위해 담근 것이라 했다. 1990년대 초반, 추계예술대학교 판화과에서 가르친 애제자가 미국에서 교수가 되었단다. 아이를 셋이나 둔 성실한 가장으로, 실력을 인정받는 교수로 자리 잡은 제자를 생각하니 흐뭇하기 이를 데 없다며, 어찌 새 술을 담그지 않을 수 있겠냐며 함박웃음 짓는 그의 눈매가 참으로 포근하다. 손님 이야기가 나오자 에피소드를 하나 들려준다. 첼로를 전공하는 딸아이가 서울대 음대에 합격했는데, 어쩌다 보니 집에서 신입생 환영회를 열어주게 되었다. 아내는 광목으로 이불을 지어 서른 명에 육박하는 아이들의 잠자리를 마련하고, 그는 오랜만에 기계식 카메라를 꺼내

1 1층은 작업실, 2층은 살림 공간으로 설계한 이 집은 건축가 최욱 씨가 설계했다. 구자현 씨는 최욱 씨의 아내가 화가라는 사실을 알고 두말없이 그에게 설계를 맡겼다. 그림 그리는 아내를 둔 건축가라면 화가의 작업실에 대한 이해가 누구보다도 높을 것이라 생각했기 때문이다. 2 작업실에 마련한 응접 공간. 벽에 걸린 작품은 템페라의 일종인 금지화다. 삼베로 만든 캔버스를 아교로 반죽한 생석회로 덧바르기를 열두 번. 칼로 다듬고 그라인더로 곱게 만든 표면 위에 얇디 얇은 백금 종이를 더한 것이다.

들어 사진을 찍어주었다. 조금 이른 시기지만 어떻게든 아이들에게 봄꽃을 보여주고 싶은 마음에 마당에 있는 아름드리 벚나무에 일주일 동안 매일같이 물을 주었더니 아이들이 도착하는 날 아침, 딱 맞춰 나무가 흐드러지게 벚꽃을 피워내더란다. 도시에서 경쟁에 찌들려 지내던 아이들이 모처럼 자연에 나와 표정과 눈빛에서 긴장을 거두니, 그 모습이 그리도 예쁠 수가 없더라고.

부지런한 농부처럼, 순박한 촌부처럼

빚을 내야 재료를 살 수 있을 정도로 궁핍했던 시절에도, 그는 언제나 최고의 재료만을 고집했다. 삶이든 예술이든 기본에 충실한 것보다 중요한 것은 없기에…. 지난 세월 좋은 종이를 찾기 위해 그는 전국 방방곡곡의 종이 공장을 죄 찾아다녔다. 맘에 맞는 종이를 찾지 못해 종이 공장을 인수할 생각까지 한 그는, 아예 종이를 개발하기도 했다. 그 덕에 한지와 양지를 혼합해 그가 개발한 판화지가 여럿이다. 그는 지금도 새로운 종이를 보면 혀끝으로 맛을 보고, 코끝에 대고 냄새를 맡는다. 어느덧 그는 종이 박사가 되었다. 작업에 있어서는 이처럼 철저한 그이지만, 일상에서 만나는 그는 그저 순박한 촌부를 닮았다. 아니, 그보다 더 하다. 처음으로 운전을 시작한 것도 양평 산자락으로 이사오면서부터고, 휴대전화를 마련한 것도 불과 보름 전이다. 이곳으로 이사오기 전, 서울에서 구리 작업실로 출퇴근할 때도 매일 같이 버스를 갈아타고 걸어 다녔다. 물욕이 없는 그는 그림을 팔아 돈이 생기면 제일 먼저 가락시장으로 향한다. 생선도 사고 고기도 사고 푸짐하게 장을 봐서 식구들을 불러 모으고, 친구들을 불러 모아 밥을 먹는다. 그저 그뿐이다. 전시를 끝내고 머리 좀 식혀야겠다 싶으면 주머니에 50만 원쯤 챙겨 넣고 지리산 자락에 다녀오는 것이 오락의 전부다.

2층 거실 창밖으로 풍요로운 자연이 그려내는 풍광이 빛을 발한다. 구자현 씨 부부가 함께 책을 보며 한가로운 오후를 보내고 있다.

예술가의 아내

빚을 내서 작업을 하고 전시를 하던 시절에도 그의 아내는 한 번도 작품이 팔릴 것을 기대한 적이 없다 했다. 오히려 그림 팔리는 것이 신기했을 뿐. "현대 미술은 20년 고생해야 한다"는 어느 선배의 말처럼 꼭 20년을 지나왔다. 궁핍한 생활을 원망했다면 건널 수 없는 시간이다. 돈이 인생의 목표가 되어서는 안 된다며, 미련해 보일지라도 한 가지 일을 꾸준하게 해내는 것, 그렇게 열심히 살다 보면 언젠가 반드시 그 끝을 보게 될 것이라 굳게 믿는 그는 천상 예술가의 아내다. 언제부터인가 성공적인 삶을 만나면 그 옆자리를 지키고 있는 배우자를 바라보게 된다. 이 아내가 없었더라도, 이 남편이 없었더라도 오늘의 그가 있겠는가? 싶어서 말이다.

부부로 산 지 30여 년 세월. 큰아들이 유학을 떠나고 잠시 휴학한 딸아이가 여행을 떠나고 보니, 부부는 30년 만에 또다시 신혼 아닌 신혼을 맞았다. 30주년을 기념해 뭔가 특별한 계획이 있느냐는 촌스러운 질문을 던졌다. 매일이 기념일이고, 매일이 새로운 날이니 우리는 그런 것이 필요치 않다며 지난 일요일 다녀온 문경 사발 축제 이야기를 들려준다. 백문이 불여 일견. 부부가 그릇장에서 막사발을 한아름 꺼내 놓는다. 이름 없는 도공이 무심하게 빚은 그릇들이다. 제각각 그 모양새와 빛깔이 기가 막히다. 기교와 가식이 없는 사발을 바라보며 부부는 온 세상을 다 얻은 듯 행복한 표정이다. 막걸리를 담아도 좋고, 밥그릇으로도 좋다. 다녀가는 손님들 손에 하나씩 쥐어줘도 좋다. 미국에 있는 아들에게도 보내줘야겠다. 신이 난 부부는 사발 하나로 할 일이 많아진다. 숨겨 놓은 사발을 꺼낸 김에 "새 술은 새 술잔에"라며 촬영을 얼추 마무리한 일행에게 막걸리를 한 잔씩 권한다. 나는 오늘 만난 예술가에게 형식적인 인터뷰 질문을 던지지 않았다. 누구의 작품인지, 무슨 작품인지도 모른 채 그의 그림을 좋아했기에, 작품만큼은 작가의 문장이 아닌 작품이 들려주는 침묵의 언어로 이해하고 싶었기 때문이다. 땅은

1 문경에서 사온 이름 없는 도공의 막사발을 꺼내 보이며 구자현 씨는 그 아름다움에 감탄을 금치 못했다. 2 작가 구자현 씨.

절대 거짓말하지 않는다고 믿는 농부처럼 땀은 절대 거짓말하지 않는다고 믿는 이 미련한 예술가의 순박한 일상을 보며, 그가 그린 순백의 평면에 그리도 마음이 끌렸던 연유를 이제야 알 것 같다. 술맛도 모르면서 오늘은 참으로 술이 달다.

허명욱 씨가 손수 디자인하고 꾸민 작업실. 벽, 바닥, 책상, 의자, 소품까지 모두 사진가 허명욱 씨의 삶이라는 팔레트 위에서 낮에도 밤에도 빛나는 보석 같다.

사진가 허명욱

세월의 흔적을 미화하는 독창적인 아틀리에

사진가 허명욱은 시간의 흔적을 기록하는 작업을 한다. 다양한 사물을 밀착해 찍은 뒤 사진 속 실물 크기를 크거나 작게 변형시켜 작품을 완성하고 있다. 그러나 정작 그의 사진 속에서 눈 여겨 보아야 할 것은 사물 자체가 아닌 그 위에 슬어 있는 '녹'이다. 사진가가 섬세하고 정교한 작업을 통해 카메라 렌즈에 담고자 한 것은 사물 위에 '녹'의 형태로 내려앉은 시간의 흔적이기 때문이다. 디테일이 완벽하게 살아 있어 사진이라기보다는 오히려 그림처럼 느껴지는 그의 작품은, 인화하고 페인팅하는 몇 번의 작업을 반복한 끝에 완성된다. 장난감 자동차와 식물 잎, 낡은 트렁크와 문 등 다양한 사물들이 사진가 허명욱의 눈을 통해 아름다운 피사체로 거듭난다.

경기도 용인에 위치한 허명욱 씨의 작업실은 건물 두 채로 나뉘어 있다. 모던 빈티지풍으로 꾸민 위쪽 건물은 갤러리와 다이닝 키친을 겸한 공간이고, 아래쪽 건물은 작업 공간이다. 두 곳 모두 땅을 물색하는 일부터 설계를 거쳐 페인트칠과 가구 들이기까지 모든 과정을 그가 직접 했다.

경기도 광주, 한적한 길을 따라 높이 뻗은 전나무 사이로 집이 한 채, 아니 두 채가 보인다. "지난 3년간 이 작업실과 동고동락했어요." 사진가 허명욱 씨는 커다란 테이블에 접시를 올려놓으며 이야기를 풀어낸다. 후배 집터를 알아보다 우연히 이 전나무 숲길에 마음을 뺏긴 그는 이곳에 작업실을 지으리라 마음먹었다. 간절히 원하면 이루어지는 법이니, 땅을 팔 생각이 전혀 없다던 땅주인에게 6개월 후 연락이 왔고, 그로부터 3년이 지나 두 채의 빨간 벽돌집을 완성했다. 지붕 각도, 마감재의 종류, 벽돌의 크기와 마모 정도까지 하나하나 모두 그의 손길을 거쳤으니 애정이 남다를 수밖에 없다.

1 빛바랜 장난감 자동차, 트렁크 등이 그의 작업대에서 새로운 빛을 얻는다. 2 난로, 작업대, 오디오 등은 금속 공예를 전공한 허명욱 씨가 직접 만든 것. 3 새로 산 청바지도 돌에 문질러 빈티지 룩처럼 만들어 입던 그가 빈티지 조명과 가구를 모으는 것은 자연스러운 일이다. 스케일이 큰 가구는 지인인 aA디자인뮤지엄 김명한 대표가 구해주기도 한다.

그에게 작업실은 삶 자체이자 번잡한 일상으로부터의 피난처다. 작업 공간에는 그의 모험적인 삶이 남겨 놓은 흔적으로 가득하다. 5m가 넘는 천장고, 모든 것이 거대하다 보니 사람이 들어가 있지 않으면 그 규모를 짐작조차 할 수 없다. 이 공간에는 인더스트리얼 빈티지 철제 가구와 그가 만드는 스피커, 수백 개의 미니 자동차, 카메라를 비롯한 빈티지 컬렉션이 리듬감 있게 놓여 있다. 세월의 흔적이 느껴지는 물성을 찍어 캔버스에 프린팅하고, 그 위에 색채를 덧입히는 과정을 2~3회 반복해 완성되는 그의 작품은 이 '쉼터'에서 숨 고르기를 하듯 천천히 이루어진다. 자동차, 트렁크 등 대량생산된 산업 생산품이 지니는 기능적 미학이 시간과의 화학반응을 통해 독특한 아름다움을 지닌 사물로 다시 태어나듯 공간 역시 그의 손길로 재창조된 것. "작업실 곳곳에 있는 물건들은 제게 중요한 추억의 장소, 소중한 경험으로 연결되어 있어요. 제 인생의 역사로 둘러싸인 이곳에 들어오면 비로소 마지막 퍼즐이 딱 맞아 완성되는 느낌입니다."

컨테이너 창고를 레노베이션한 벽돌집 두 채.

허명욱 씨는 오래되고 낡은 장난감 자동차와 트렁크 등을 세심하게 관찰하고 카메라와 페인팅을 통해 시간의 흔적을 기록한다.

천장 전체를 덮은 나뭇잎 작업(220×408cm)은 까다로운 설치 과정 때문에 갤러리나 미술관 전시에서는 볼 수 없다.

조각가 이재효

조각가의 손을 기다리는 돌과 나무 그리고 잎사귀

홍익대 조소과를 졸업한 이재효는 1998년 오사카트리엔날레에서 조각 부문 대상을 거머쥐며 세간의 주목을 받았다. 이후 국내를 비롯해 도쿄, 베이징, 홍콩, 뉴욕, 런던, 파리 등 국외 다수의 갤러리에서 전시회를 개최하며 '스타 작가'가 되었는데, 그의 작품 '나무공 조각'은 동남아시아에서 모사품이 생겼을 정도다. 이재효는 자연에서 작품 재료를 찾거나 아예 자연 그 자체를 작품화하는데, 나무를 켜켜이 이어붙인 다음 둥글게 잘라 뽀얗게 드러난 단면을 다듬은 후 열기에 쪄내 마감한 그의 작품은 국내외 어디에서도 인기가 좋다. 미국 라스베이거스 MGM호텔, 스위스 제네바 인터컨티넨탈 호텔, 중국 파크 하얏트, 독일 그랜드 하얏트, 오스트리아 크라운호텔 등 세계 유명 호텔에 작품이 설치돼 있고, 국내에서는 W 서울 워커힐, 63빌딩 앞 생명의 숲에서 그의 작품을 볼 수 있다.

1

2

'선물의 집'에서 '두바이 아트페어'까지

조각가 이재효 씨의 전시가 열리는 성곡미술관(2012년 〈자연을 탐探하다〉). 바스락거리는 낙엽을 여러 가닥의 줄에 묶어 발처럼 설치한 전시 공간에 들어서니 가을 숲 내음이 코끝을 스친다. 찔릴 것처럼 날카로운 나뭇가지 뭉치는 한참을 바라보니 마치 솜방망이처럼 부드럽게 느껴진다. 비스듬히 잘라 높이를 다르게 세운 나뭇가지는 고요한 침엽수림 같기도, 성난 파도 같기도 하다. 돌, 낙엽, 잔가지나 빛바랜 나무둥치 같은 것을 한데 뭉쳐놓아 기묘한 기운을 뿜어내는 작품들. 더 눈길을 끄는 것은 여러 소품이다. 목장갑으로 만든 토끼, 몽당연필 오브제, 웃고 있는 깡통 로봇 등 자그마한 작품부터 틈틈이 그린 아이디어 드로잉까지, 작가가 20년 동안 걸어온 과정을 한자리에서 볼 수 있다.

고물상에서 주워 온 고철에 발랄한 표정을 불어넣고 낡은 책은 거대한 산세를 담았으니, 그의 손을 거치면 수명을 다한 하찮은 물건도 완성도 높은 예술품이 된다. 두바이 왕자도 컬렉션하는 세계적 조각가의 진중한 작품과 사뭇 대비되는 이 유머러스함은 대체 어디서 비롯한 것일까?

"졸업 후 15년 정도 작품을 한 번도 팔아본 적이 없었어요. 강남 지하상가나 고속터미널 상가의 소품 가게에 장식품을 만들어 납품하면서 생활비를 벌었지요." '선물의 집'에서 '두바이 아트페어'까지, 이재효 작가의 '인생 역전' 스토리가 궁금하지 않은가.

1 거대한 스케일이 느껴지는 양평 전시장. 2 이재효 씨가 작업을 하면서 가장 희열을 느낄 때는 좋은 작업 재료를 발견할 때이다. 두 갈래로 뻗어 나가는 나뭇 가지의 Y자형 연결 부위만 모아 바깥쪽을 비스듬히 자른 후 뒤집어 세운 설치 작품은 2012년 개인전에서 선보인 신작이다.

땅에 떨어지고 말라 비틀어져 눈길조차 가지 않는 자연물과 고물,
쓰임이 다한 일상의 물건은 이재효 씨의 손끝에서 새 생명을 얻는다.

꼼꼼히 채워온 조각, 시간

그는 1992년 홍익대학교 조소과를 졸업하고 1998년 오사카 트리엔날레 조각 부문 대상을 수상했다. 출발은 화려했지만 이후 2005년까지 단 한 점의 작품도 팔지 못하는 긴긴 무명 생활이 이어졌다. 당시만 해도 작가가 작품 팔아서 산다는 것은 생각하기조차 힘든 일이었다. 역시 조각을 전공한 아내 차종례 씨와 동료이자 동반자가 되어 마석 우사에서 양평 오두막집까지 가난도 즐거움으로 여기며 살던 시절. 기회는 예상치 못한 곳에서 찾아왔다. W 서울 워커힐에 근무하던 지인이 호텔 인테리어를 맡은 세계적 디자이너 토니 치Tony Chi를 소개했고, 디자이너는 트렌드를 가장 민감하게 반영한다는 호텔 로비의 천장에 이재효 작가의 나무 공 작품 10여 점을 매달았다. 갤러리보다 호텔에서 먼저 인정받은 작가, 너무 일찍 상업화한 것 아니냐는 우려도 있었지만 개의치 않았다.

"미술관에서 구입하면 바로 수장고로 들어가 작품이 있는지 없는지도 잘 몰라요. 반면 호텔은 365일 전시 중이잖아요. 대중에게 작품을 알리는 전시장으로는 더할 나위 없이 좋다는 생각이 들었어요." 그의 예상은 적중했다. 이후 세계 유수의 호텔에서 그의 작품을 설치하길 원했고, 홍콩과 대만 등 아시아를 비롯해 미국, 영국, 스위스 등 세계 곳곳으로 작품이 팔려 나갔다. '밤송이'(그는 작품을 '밤송이' '김' '고드름' 등 자신만의 애칭으로 부른다)를 설치한 스위스 제네바의 인터컨티넨탈 호텔에서 그는 VIP 대접을 받는다. "설치한 후 몇 년 지나 스위스 여행 중에 들러봤는데 호텔 벨보이가 저를 기억하더라고요. 금방 총지배인이 내려와서 반기고, 방값도 받지 않고 스위트룸을 내줬어요. '작품이 팔리니 좋네'라고 느낀 건 그때가 처음이었죠(웃음)."

1 거실 덱 앞에 놓은 나무 공 벤치. 은행 나무를 보거나 앞산을 보며 사색에 잠기는 공간이다. 2 쉬엄쉬엄 만든 테이블과 스툴. 나무를 깎아 오히려 나무껍질을 형상화한 아이디어가 돋보인다.

집 짓는 조각가, 나무 깎는 건축가

그런 그가 집과 작업실을 지었다. 작업실보다는 미술관급의 전시장이라는 표현이 맞을 듯. 기존 작업실에서 100m 정도 올라간 언덕에 자리 잡은 집과 전시장은 커다란 은행나무와 앞뒤로 펼쳐진 둥근 산세가 백미다. 5백여 평의 넓은 부지에는 그와 아내의 전시장과 작업실, 살림집까지 다섯 개의 건물이 펼쳐진다. 더욱 놀라운 사실은 아이디어 구성부터 설계, 도면 작업까지 모두 이재효 씨가 직접 했다는 것이다. "조각하는 사람은 건축가 못지않게 공간 감각이 좋아요. 어떤 종류의 H빔이 어디에 들어가야 하는지 직감적으로 알 수 있죠."

숨 막히게 큰 그의 작품처럼 압도적인 규모의 전시장은 여느 미술관 못지않은 크기와 작품 수를 자랑한다. 대신 공간 디테일은 간소하다. 첫 번째 전시장은 1층과 2층이 뻥 뚫린 메자닌 구조로 5m의 거대한 나무 공이 천장에 매달려 있다. 한 칸 더 들어가면 천장에 수만 개의 나뭇잎이 매달려 있고, 또 한 칸 들어가면 시커먼 못 작업이 펼쳐진다. 역시 거대한 나무 공이 공간을 압도하는 두 번째 전시장의 2층에는 그만의 작업실이 있다. 방과 방을 지나야 나오는 밀실. 이 밀실은 그가 작품을 구상하는 장소다. 건물 3층, 전시장에서 가장 전망 좋은 명당에 들어서니 그의 대형 나무 공 작품을 반 잘라 만든 원형 테이블이 눈길을 사로잡는다.

"이 작품은 테이블로 만든 것은 아니지만 누군가는 이처럼 유리를 깔아 테이블로 사용하기도 하지요. 타원형 공은 반 갈라 소파처럼 쓰기도 해요. 미술이라는 게 생활에 적용했을 때 그 의미가 배가 된다면 작품을 가구로 사용하는 것을 굳이 반대할 이유가 없다고 생각해요. 훨씬 더 자주 보고 가까이 있는 작품이라고 생각하면 되겠죠. 작품을 보고 사물을 다르게 볼 수 있는 시각과 마음이 생기면 그걸로 족하지 않을까요?"

이재효 씨가 양평에 터를 잡은지 20여 년이 다 되어간다. 이재효 씨는 5백 평 규모 부지에 작업장, 전시장, 살림집을 지었다. 주거 공간에는 과감한 레드 컬러로 포인트를 줬다.

집에도 작품이 많이 있느냐는 질문에 대답은 No! 아무리 작가가 퇴근 시간 없는 직업이라지만, 집에서까지 보면 계속 스트레스를 받지 않겠느냐는 것. 또 사람 살이가 담길 집도 단순해야 한다는 게 그의 지론이다. 첫 번째 전시장 아래 언덕의 경사면을 이용해 지은 살림집은 유난히 추위를 많이 타는 부부를 위한 '맞춤' 집이다. 항상 춥고 먼지(나무 톱밥) 많은 작업장에 있기 때문일까? 첫째는 단열, 둘째는 환기 그리고 오직 집이 가진 안온함에 초점을 맞춘 공간은 담백하면서도 힘찬 기운이 느껴진다. 단, 예상을 뒤엎는 광경이 있었으니 빨간색 포인트 월이 바로 그것이다. 좀처럼 색을 쓸 일이 없는 작업만 하다 보니 '집에나 한번 써보자' 했다고. 그렇게 완성한 살림집은 거실, 침실, 게스트룸 세 개로 구성되었다. 구리에서 학교를 다니는 딸들이 한 달에 한 번쯤 이곳 양평을 찾고, 전국에서 친구들이 모여드니 마치 펜션처럼 빈방을 갖추었다. 새건물로 이사하면서 아내 차종례 작가의 작업실도 함께 옮겼다.

"잘나가는 작가인데 남편한테 치여 면목이 없다"며 겸연쩍어하는 이재효 씨와 작가로서 이재효를 존경한다는 아내 차종례 씨. 스무살 때 만나 결혼 18년 차가 되면서 부부애를 넘어선 우정, 가족애로 살아간단다. 단, 서로의 작품에 대해선 비판도 조언도 좀처럼 하지 않는 영락없는 라이벌이다. "아이들한테 항상 '너는 다 가지고 태어났다. 남에게 무얼 해줄 수 있는지 그것만 고민하라'고 이야기해요. 살갑지 못한 아빠는 아이들에게 '여가 생활' 같은 거죠. 못 보면 어쩔 수 없고, 보면 좋은 여가 생활. 예술가가 가장 못하는 관계가 바로 가족 관계 아닐까요. 사랑하는 마음만 있으면 전달된다고 생각하는데, 언젠가는 아이들도 느끼겠죠."

1

1 높이가 다른 몽당연필을 모아 만든 벽 오브제. 2 건축 자재로 쓰이는 철빔으로 만든 CD장. 벽에 걸어 자그마한 소품을 전시하면 아트월로 손색없다.

만날 보던 나무 조각인데

아르바이트비 받아 담 하나 쌓고, 강의비로 기둥 세우고, 대회 상금으로 지붕 올려 2년에 걸쳐 손수 지은 아랫마을의 집과 작업실은 여전히 이재효 씨의 작업실로 사용한다. 지난 1995년 이재효, 차종례 씨가 양평에 입성했을 때 시골 동네 사람들은 젊은 부부를 신기하게 쳐다봤다. 왜 땔감을 주워다 깎고 다듬고, 태우다 마는지 이상하기만 했다. 하지만 10년이 지나니 예술가 부부 덕에 동네는 활기가 넘친다. 커다란 나무둥치들이 컨테이너로 실려 나가고, 작업장에서 일하는 사람은 무려 열다섯 명, 땀내 가득한 작업장은 흡사 공장처럼 시끌벅적하다. 동네 사람들도 작가보다 '이 사장님'이라는 호칭이 편하다. 그의 작업장에서 가장 중요한 공간은 나무 창고. 겨울철에 벌목하는 사람들에게 몇 차 주문하고, 동네 할아버지들에게 껍질 벗기는 일감을 준다. 어떤 수입산 원목보다 귀한 재료라고 말하는 땔감용 나무. 이 나무가 모여 공이 되기까지 어떤 과정이 필요할까? 나무껍질을 벌려 말리고 쪄서 또 말리는 과정 모두 작업의 연장선. 말린 나뭇가지를 모아 못으로 고정하고 겉면을 잘라내 구형이 완성되면 강한 불로 그을린다. 숯이 된 나무 겉면을 연마기로 갈아내면 나무 공의 안쪽은 까맣고 겉쪽은 하얀 속살을 드러내면서 흑백이 선명해진다.

"나무가 갖고 있는 에너지를 보여줄 수 있는 가장 단순한 형태가 구求예요. 각도 없고 모서리도 없어 어느 쪽에서 보나 똑같은 모양이니까요. 재료를 모아 만들면 하찮은 것으로 강한 메시지를 던질 수 있습니다. 개구리 여러 마리가 동시에 울 때 커다란 울림이 있고, 광화문에 빨간 티셔츠 입은 사람이 몇백 명 모였을 때 엄청난 힘이 나오지 않습니까? 단순 반복하는 작업은 마치 선善을 행하는 일인 것 같아요. 나뭇가지가 모여 원을 이루고, 작업하는 하루하루가 모여 일생이 되는 것처럼요."

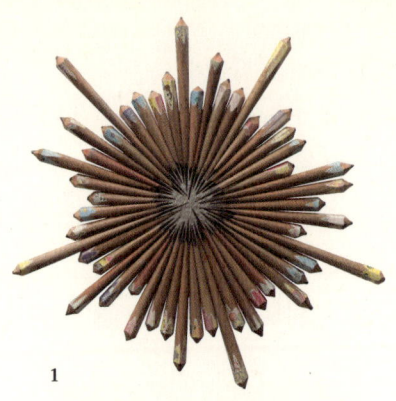

1

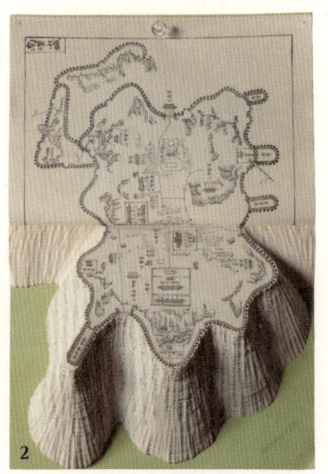

2

3

1 딸아이가 생일 선물로 받은 연필을 잘라 심이 바깥쪽을 향하도록 붙여 만든 벽 장식. **2** 지도가 그려진 낡은 책을 파내어 산세를 형상화한 아이디어가 돋보이는 작품. **3** 놀이하듯 간단한 도구만으로 연금술을 펼치는 그의 솜씨와 유머에 감탄하게 하는 양철 조각 소품.

나무 작품만큼 마니아층이 두꺼운 '못' 작업은 순전히 우연에서 비롯했다. 어느 날 작업장에서 그을린 나무토막에 물방울이 튀는데 반짝반짝하는 느낌이 좋았다는 것. 반짝이는 느낌을 어떻게 살릴까 궁리하다 떠오른 것이 스테인리스 스틸 못이다. 못을 박고 나무를 태운 다음 못을 그라인더로 갈아서 반짝이게 드러내고 나무를 숨기는 못 작업. 백미는 바로 못을 박는 위치다. 돌멩이를 던져 못 박을 위치를 정한다고 하면 믿을까? "의도적으로 놓으면 항상 부자연스러워요. 제 작업처럼 의도하지 않은 것은 또 있습니다. 바로 건물 외벽의 벽돌을 쌓은 방식이죠. 벽돌 크기와 모양이 세 가지였는데 주사위를 던져 나오는 숫자대로 쌓으라고 했죠. 자연스러운 불규칙은 의도한 규칙보다 훨씬 매력적이니까요." 새로운 소재로 새롭게 작업하는 것은 어쩌면 쉬운 일일 터. 누구나 다 아는 흔한 재료로 작품을 만들었을 때 오는 강렬한 반전, 그 감동이 더 크지 않을까.

합천 기와집 막내, 두바이 가던 날

어느 미술 평론가는 그의 나무 공 작업을 두고 "부드러운 곡선과 풍부한 양감을 가진 조형작품으로 가구의 개념에 접근하면서 현대 주거 공간과 절묘한 조화를 이룬다"고 평했다. 하지만 그의 작품은 구 혹은 입방체라는 친숙한 조형미에서 오는 단점도 있다. 기억하기 좋은 모양을 가졌다는 이유로 굉장히 많은 작품을 '생산한다'고 여기는 것. 그래서 양평 전시관은 더욱 의미가 크다. 대학 시절부터 20년간 이어온 작품 세계를 볼 수 있기 때문. "갤러리에서 작품을 '보는' 것과 양평 전시관에서 '만나는' 것은 분명 다르다고 생각해요. 작가로서 작품을 보여주는 것은 의무지요. 기업도 제품을 알린 뒤 기업 이미지를 홍보하고 사회 환원 사업으로 넘어가듯이 작업 역시 작품과 작가를 알린 뒤에는 삶의 방식까지 모범이 되어야 하지 않을까요."

미세한 나뭇가지를 놀라운 밀도로 응집한 작품 '밤송이'. 1992년 홍익대학교 조소과를 졸업한 이재효 작가는 1998년 오사카 트리엔날레 조각 부문 대상을 수상하며 평단과 대중의 관심을 받기 시작했다. 국내외 다수의 갤러리에서 전시회를 개최했다.

삶이 작업과 같아야 한다고 믿는 이재효 씨. 그는 조만간 강원도 영월에 자그마한 큐빅 하우스를 짓고 독립할 계획이다. 작가가 상업적으로 한 계단 올라서면 그만큼 한계가 빨리 온다는 말이 있다. 양평에 있으면 '팔리는 작품'만 만들 것이고, 도와줄 사람이 많아 게을러진다는 것. 전화도, 인터넷도, 사람도 없는 곳에 들어가면 머리보다 마음이, 몸이 먼저 움직일 것 같은 기대감 때문이다.

"제가 어릴 때 저희 집이 합천에서 기와 공장을 했어요. 그래서 항상 흙을 만지며 놀았지요. 아무래도 유년 시절 감성이 많이 작용하는 것 같아요. 어린 시절 기계를 만들고 놀던 작가들은 미디어 쪽으로 관심을 갖겠지요. 반면 저는 휴대폰 쓰는 것, 문자 하는 것도 골치 아파요." 새로운 소재와 첨단 기법을 추구하며 빨리, 먼저를 외치는 시대에 시간을 차곡차곡 쌓아 늦게, 천천히 가고 싶다고 말하는 이재효 씨. 그래서 이 디지털 시대에 망치질이나 하고 있다며 허허 웃는다. 흔하고 보잘것없는 사물에서 세계적 스케일로 고속 성장하는 그의 작품을 보고 있으니, 작가의 자그마한 체구와 까만 눈동자가 산처럼 크게 느껴졌다.

'나의 작업은 재료가 가진 성질을 보여주는 게 우선이다. 군더더기가 있으면 안 된다. 젊을 때는 더하는 과정이지만 나이가 들면 결국엔 다 빼내지 않나. 작업이 바로 더하기 빼기의 과정이다'

의자를 벽에 걸면 '페인팅' 같은 작품이 되지 않을까라는 엉뚱한 발상에서 착안한 '체어스 온 더 월'.

가구 디자이너 한정현

행복을 모으는 사진첩, 이야기가 있는 가구

가구 디자이너 한정현의 작품은 세계에서 먼저 인정받았다. 그가 미국 로드아일랜드 디자인 스쿨 재학 시절에 가구 디자인으로 전공을 결정한 후 선보인 첫 과제물('벤치 포 투bench for two')이 영국 잡지 〈월페이퍼〉에 '동양의 약속'이라는 타이틀로 소개되면서 가구 디자이너 한정현의 이름은 많은 이에게 각인되었다. 그는 크랜브룩 아카데미에서 3D 디자인 석사를 마치고 2003년 귀국해, 첫 개인전 〈더불어 홀로〉 전을 여는 동시에, 서울 디자인페스티벌, 런던 디자이너스 블록, 파리 국제 가구 박람회 등 다수의 국내외 페어에 참여했다. 이어 2009년, 두 번째 개인전인 〈모던 아날로그〉 전으로 큰 호평을 받으며 디자이너로서 '물이 올랐다'라는 찬사를 들었다. 당시 화제를 모은 '코르크 앤 코르크cork n cork' 의자는 디자이너와 사용자가 함께 만드는 가구라는 새로운 장르를 연다.

'사람'을 중심에 둔 디자인 철학

19세기 영국의 미술 공예 운동을 이끈 예술 운동가이자 사회주의자, 디자이너인 윌리엄 모리스William Morris는 환상 소설 《에코토피아 뉴스》에서 "노동의 대가는 '삶'이다. 그리고 뛰어난 노동에 대한 대가는 '창조'이다"라고 말했다. 그는 직접 무언가를 만들어내는 데서 오는 창조의 기쁨이야말로 최고의 보상이라고 부연 설명을 덧붙인다. '코르크 앤 코르크' 의자는 샴페인의 코르크 마개를 하나씩 끼워 사용자가 완성하는 작품이다. 무언가를 축하하거나 누군가를 환영할 때 마시는 이 샴페인을 통해 행복한 순간의 기억을 모으는 것처럼 가구를 완성하는 것. 이 의자는 샴페인 코르크가 바닥과 등받이에 다 채워졌을 때 비로소 완성되는데, 이는 '디자인의 시작은 디자이너지만 완성은 사용자의 몫'이라는 그의 디자인 철학과 일맥상통하는 부분이다. 그리고 윌리엄 모리스의 말처럼 소비자는 이 과정을 통해 '창조의 기쁨'을 누리는 것이다.

제자들을 위해 공간을 빌려주고 전시 큐레이팅까지 맡은 가구 디자이너 한정현 씨. 의자 '텔레사피엔스'는 물질만능 시대에서 진정한 소통이 가지는 의미를 유머러스하게 담고 있다.

가회동 채어스 온 더 힐에는 작가 강석현씨와 컬래버레이션 한 '벤치 포 투bench for two'를 비롯해 가구 디자이너 한정현 씨의 작품이 생활 공간처럼 자연스럽게 전시되어 있다.

한정현 씨의 가구는 창의력과 기능성이 잘 조화되어 있다. 사용하기에 편하지만, 사용하지 않을 때는 하나의 조형물처럼 보이는 것. 가구를 디자인할 때 그 속에 이야기를 담으려고 노력하기 때문이다. 그의 가구는 어찌보면 과거의 추억, 현재의 감정, 또 미래에 하고 싶은 이야기이기도 하다. 와인을 좋아하는 그는(삼청동 붐이 일기 전 와인바 '토스Tos'를 운영하기도 했다) 코르크 의자를 비롯해 와인과 관련된 작업을 종종 선보인다. 하이글로시 스탠드형 와인랙 '오프-너 1open-er 1'은 미니 홈 바와 사이드 테이블로도 사용할 수 있는 제품. 또 지나간 시간을 사색하는 것을 즐긴다는 그는 '시간'이라는 모티프에도 집중한다. 세로 혹은 가로로 걸 수 있는 기다란 거울 '랑데부rendezvou'는 양쪽에 2개의 시계가 달려 있어 외국에 사는 친구에게 전화를 걸 때 시차를 계산할 필요가 없다. 또한 그의 디자인에는 언제나 유머 코드가 담겨 있는데 이는 디자인의 중심에 '사람'이 있고, 거기에는 '재미'가 있어야 한다는 디자인 철학에 밑바탕을 두고 있기 때문이다.

혼자 밥 먹는 외로움에서 착안한 '텔레사피언스Tele-Sapiens'가 대표적인 예다. 이 의자는 등받이에 설치된 LCD 모니터로 친구와 화상 통화를 할 수 있고, 아침 일찍 배달된 메일을 확인할 수도 있다. 무엇보다 그 콘셉트가 재밌다. 친구가 없을 땐 친구처럼 마주 앉아 벗이 되어주고, 친구가 왔을 때는 진짜 친구와 즐거운 시간을 보낼 수 있도록 의자가 되는 것. 이 역시 오랜 유학 생활 동안 지구촌에 흩어져 있는 그리운 가족과 친구를 이어주는 매개체가 아니었을까. 작품을 통해 끊임없이 대중과 대화하는 그의 작품중에는 유난히 의자가 많다. 2007년 가회동에 오픈한 작업실 겸 쇼룸 '체어스 온 더 힐chair on the hill'이라는 이름만 봐도 그가 '의자'를 편애한다는 것을 알 수 있다. 의자는 사람과 가장 오랜 시간, 가장 많이 닿는 가구인 만큼 다양한 오브제를 담을 수 있기 때문이다.

체어스 온 더 힐 1층에 마련된 작은 전시 공간. 이곳에서 상명대학교 대학원에서 가구 디자인을 전공하는 학생들의 기획 전시가 열리기도 했다.

작품과 상품 사이, 아트 퍼니처

심지어 그 '의자'가 벽에 매달렸다! '체어스 온 더 월chairs on the wall'은 그의 담당 교수인 알퐁스 마티아Alponse Mattia 교수가 영감을 준 작품이다. "회화 작품은 가격과 가치가 정비례한다고 믿죠. 이 작품은 가구를 작품으로 인정하지 않는 것에 대한 반발심에서 시작한 거예요. '그림처럼 벽에 한 번 걸어봐?' 하는 식으로요." 의자는 항상 바닥에, 사람이 앉아야만 그 쓰임새가 있다는 개념을 뒤집은 것이다. 그림처럼 걸고 감상하면서 사용할 수 있는 '선반(on the floor)'과 공중에 부양한 의자(두 작품은 콤비를 이룬다). 다시 현실로 돌아와 이렇게 실험적인 작품이 '잘 팔리느냐?'라고 묻자 어느 도예가의 이야기를 들려준다. 한 도예가가 거대한 원반 형태의 벽에 거는 오브제를 만들었다. 쓰임새를 주기 위해 가장자리를 살짝 구부렸더니 접시가 되었다. 하지만 접시가 되자 되레 가격이 떨어졌다. '쓰임'이라는 개념은 이처럼 아이러니한 것이다. 쓰임이 있으면 더 비싸져야 하는데, 작품이 '용품'이 되는 순간 가치가 떨어지니 말이다. 그가 갖고 있는 고민도 같은 맥락이다. "가구는 쓰임이 필요하잖아요. 사용하기 위한 물건이기 때문에 더 인색해요. 몇 해 전 신문에 전시 기사가 난 적이 있어요. 하루 동안 전화통이 불나고, 심지어 그 기사를 들고 찾아오는 손님도 있었죠. 한 사업가가 고급 세단을 타고 찾아왔어요. 쇼룸을 둘러보더니 가격이 너무 비싸다고 하더군요. 만약 그림이었다면 '비싸다'가 아니라 '소장 가치가 있냐?'라고 물었겠죠."

가격을 낮추려면 양산을 선택해야 하고, 그러다 보면 디자인에 또 다른 제약이 생길 수밖에 없다. 그런 악순환이 반복되면 당연히 새로운 작품을 디자인할 의욕이 꺾일 수밖에. 그가 강조하고 싶은 것은 '비싼 제품을 많이 사서 작가의 의욕을 고취시켜주세요'가 아니다. 아트퍼니처의 매력은 오트 쿠튀르라는 점이다. 모든 가격의 잣대가 대량 생산되는 제품에 맞춰지고 있는 현실에 대한 안타

1 가회동 언니네 집 거실. 창문을 통해 보이는 고즈넉한 동네 풍경은 그 자체로 작품이 된다. 2 언니네 집 지하 서재 공간은 초기작 '패션'으로 포인트를 주었다.

까움이다. 작품이냐 상품이냐, 디자이너냐 장사꾼이냐. 이것은 정말 어려운 문제다. 그 역시 여전히 매 순간 고민한다. 나는 작가일까, 장사꾼일까? 상품을 만드는 것일까, 작품을 만드는 것일까? 고민 끝에 그가 내린 결론은 의외로 단순, 명쾌하다. "저는 그냥 작가 할래요. 만들때는 작가고, 팔 때는 장사꾼!(웃음)."

서른다섯, 하프타임

사실 이번 인터뷰는 지난해 봄부터 계획한 것이다. 지난 봄 그의 언니가 가회동 체이스 온 더 힐 건너편에 낡은 한옥을 레노베이션했으니 구경 오라며 초대한 것. '집은 불편해야 한다'는 괴팍한(?) 신념을 가진 건축가 조건형 씨의 오랜만의 작업이라 반가웠다. 하지만 더욱 큰 성과는 한정현이라는 가구 디자이너의 숨은 인테리어 감각을 발견한 것이다. "언니와 형부가 모두 대학교수라 집에서 책만 읽고 인테리어에는 문외한이에요. 그래서 인테리어에 관한 모든 것을 제게 일임했어요." 그는 당시 깨가 쏟아지는 신혼이었음에도 불구하고 누구보다 열심히, 또 재밌게 작업했다. "저희 부부는 지난해 여름 입주할 집을 기다리고 있던 터라 임시로 살고 있는 신혼집을 제대로 꾸미지 못했거든요. 그 한을 죄다 언니 집에 푼거라 할 수 있죠. 결과적으로는 예행연습이 되었지만요."

거실에는 그의 최신작 '우븐 소파woven sofa'가 자리하는데 창문 너머 기와 지붕과 편안하게 조화를 이룬다. 레드 컬러가 인상적인 1인용 소파 '패션passion'은 책이 가득한 지하 서재 공간에 악센트를 주는 아이템이다. 한국적인 공간과 잘 어우러지는 그의 모던한 가구는 물론, 남다른 데커레이션 감각까지 엿볼 수 있다. 좁은 주방 공간을 더 넓게 쓰기 위해 테이블을 비스듬하게 배치하고 공간을 하나로 튼 서재에는 바퀴 달린 책장 '트위스트twist'를 두어 파티션처럼 활용했다. "원래는 건축을 전공하려고 했어요. 그런데 전공을 선택할 무렵이 마침 가구 디자인과가 다른 디자인 학과에서 분

1 가족이란 생활의 활력소이자 끝까지 함께 가야 할 삶의 동반자이다. 언제나 따끔한 조언을 아끼지 않는 남편과 생각지 못한 큰 기쁨을 주는 딸 서윤이는 한정현 씨의 최고의 후원자다. 2 그가 직접 꾸민 신혼집. 패치워크 시리즈 식탁과 작가 박선기 씨의 설치 작품이 모던한 공간과 조화를 이룬다. 3 이제는 딸 서윤이를 위해 키즈 라인을 디자인할 계획이다.

과하는 독립 첫해였죠. 왠지 의미 있을 것 같아 선택한 가구 디자인이 이제는 제게 모태 신앙처럼 되었어요. 집을 짓지는 못하지만 '가구'를 중심으로한 프로젝트를 진행해보고 싶어요. 집에 맞는 가구를 디자인해주고 데커레이션하는…."

2009년 5월, 결혼 후 그는 자신을 위한 가구를 디자인하기 시작했다. 우븐 소파와 트위스트 TV 장, 패치 시리즈가 그것. 그러고 보니 최신작은 기존에 선보인 작품과 사뭇 다른 느낌이다. 기존의 작품이 혼자 혹은 둘을 강조한 작품이었다면 최근의 신작은 소재뿐 아니라 부드러운 선의 미학이 느껴지는, 마치 모든 것을 포용하는 느낌. 아마도 결혼과 출산이라는 라이프스타일의 변화가 작용한 듯하다. 부부와 갓 태어난 아기가 살기에 적당한 크기의 집은 마감재나 구조 변경 없이 자신을 위해 디자인한 가구와 컬렉션 작품들로 모던하고 심플하게 꾸몄다. "파는 사람도 사는 사람도 아트 퍼니처의 매력을 한정판에서 찾곤 해요. 획일적인 아파트 문화에서는 더더욱 이러한 독창성이 더욱 부각될 수밖에 없지요."

사실 결혼 직후 연 두 번째 개인전이 가구 디자이너로서는 가장 의미있는 작업을 선보인 자리였다. 코르크 의자, 타임플라이즈 시계, 스윙&행 옷걸이, 에지 스툴, 트위스트 책장, 루이스 테이블, 스트라이프 체어…. 좀 더 유머러스하고 실험적인 작품을 선보이기 위해 노력하는 그는 요즘 지난 작업을 돌아보며 새로운 작품을 구상 중이다. 앞으로는 자신이 디자인한 가구를 직접 사용해보며 문제점을 보완할 계획이라고. 우븐 소파, 트위스트 책장은 작품의 규모도 크고 원숙한 조형미를 추구한 작업이다. 초반의 작품이 너무 컨셉추얼했다면 최신작은 실용성이 가미됐다. 실험과 실용이 적절히 타협하는 것, 그것이 앞으로 선보일 한정현식 가구의 큰 틀이다.

한정현 씨가 디자인한 가구와 남편 박두희 씨가 컬렉션한 스피커, 음반 등으로 꾸민 거실. 우븐 소파는 손잡이에 사이드 테이블 기능을 더한 아이디어가 돋보인다.

가족, 가장 든든한 후원자

영화감독 기타노 다케시는 "가족은 단어가 아니다. 그것은 하나의 문장이다"라고 말했다. 곱씹을수록 고개가 끄덕여진다. 모름지기 가족이란 생활의 활력소이자 무거운 짐이면서 끝까지 함께 가야 할 삶의 동반자인 것. 한정현 씨에게도 가족은 가장 든든한 후원자다. "남편이 들으면 서운할 수도 있는데 '결혼'과 동시에 가족과 분리되는 느낌이 들어 한동안 힘들었어요. 영문학을 전공하고, 젊은 시절 여성지 기자를 하신 엄마는 평소 미술을 사랑하고 자식과 친구처럼 지내는 자유로운 사고를 지닌 분이세요. 카페와 갤러리, 작업실을 함께 구성한 '체어스 온 더 힐'도 엄마의 아이디어였으니까요." 털털한 성격의 언니, 한때 이상형이었을 만큼 멋진 오빠, 언제나 자식과 토론하는 걸 즐기신 일본 사학자 아빠까지, 모두 그의 창작 활동에 끝없는 자극을 주는 든든한 조력자다. '코르크 앤 코르크'는 형부가 지어준 이름이고, '스트라이프 체어'는 다섯 살배기 조카를 위해 만든 의자다.

어린 시절 독일에서 산 남편은 전공이 토목공학임에도 불구하고 항상 '디자인'에 대한 조언을 아끼지 않는다. 심지어 외국 잡지에서 본 가구 디자이너의 작품을 보여주며 "당신도 이런 디자인 해보지 그래?"라며 은근히 표절(!)을 권할 때도 있으니 말이다. 와인을 좋아하고 디자인을 사랑하는 그들은 닮은 점이 무척 많다(어린 시절의 별명이 같을 정도로 외모도 닮았다!). 호텔에서 하는 결혼식이 싫어 서른다섯, 서른아홉의 늦깎이 신랑, 신부는 결혼식은 안국동 안동교회에서, 피로연은 윤보선 생가에서 치렀다. 고즈넉한 가회동 언덕에서 의자를 디자인하고, 고택을 사랑하는 그녀. '모던 아날로그' 시리즈는 그의 이러한 정서가 반영된 것이리라.

디자이너 한정현 씨를 만나기 위해 체어스 온 더 힐을 찾는 학생들이 많다. 그에게 작업실은 대중과 소통하는 통로이다.

디자인과 사람이 소통하는 공간

"앞으로는 디자이너의 역할이 바뀌지 않을까요? 한국의 디자인 교육은 너무 기술에 집중돼 있어요. 기술보다 더 중요한 것은 문화에 대한 상상력인데 말이죠." 그는 가구를 '디자인'하지 '제작'하지는 않는다. 제작은 공방 장인에게 맡긴다. 가구를 직접 만들다 보면 제작이 어려운 디자인은 무의식적으로 회피하는 한계에 부딪히기 때문이다. 요즘은 디자인을 양산 가능한 상품으로 컬래버레이션하는 방법을 고민하고 있다. 염두에 둔 작품은 옷걸이 '스윙&행swing & hang'. 나무 기둥에 가지 형태의 걸이가 숨어 있는 옷걸이는 쓰임과 오브제 기능 모두 갖춘 충실한 아이템이다.

"보통 인터뷰를 하면 어디서 영감을 받는지 자주 질문을 받는데, 사실 작품이 영감만으로 탄생하는 것은 아니라고 생각해요. 다양한 문화를 체험하는 동시에 공부도 해야 해요. 학생 때 기발한 작품이 많이 나오는 게 바로 그 때문이죠. 항상 탐구하고 책을 많이 읽으니까요."

그의 지론처럼 '액션'이 있어야 '리액션'이 있는 법. 지난 15년이 디자이너로 자리매김하기까지의 전반전이었다면 이제는 중견 작가로서 후반전을 준비하는 하프타임이다. 하프타임도 역시 그간 선보여온 작품을 되돌아보고 직접 사용해봄으로써 그 쓰임을 검토하는 '액션' 중. 이제 곧 맞이할 후반전에서는 '가구 디자이너 한정현'이라는 아이덴티티를 지키면서 한층 성숙해진 그를 만날 수 있지 않을까?

유리 박공지붕 아래 우뚝 서 있는 콘크리트 조리대는
'돌의 주방'을 꿈꾸며 제작한 것.

푸드 스타일리스트 김정민

프로페셔널 주방에서 스타일이 요리된다

매일 전국으로 수만 개씩 팔려나가는 도미노 피자 패키지의 사진을 업그레이드한 이가 바로 스타일리스트 김정민이다. 이를 비롯해 지면광고, TV 광고, 제품 카탈로그, 각종 잡지 화보, 케이터링, 레스토랑 컨설팅, 요리책 집필, 스타일링 클래스 등 그는 요리를 근간으로 인테리어까지 넘나들며 스타일링에 관한 다방면의 일을 척척 해내고 있다. 《브런치 하실래요?》, 《아침에 든든한 죽과 수프》, 《스피드 해물요리》 같은 단행본을 통해서도 그를 만날 수 있다. '스타일링큐브 아카데미' 공동대표를 지냈으며 현재는 '더 스타일링 그룹' 대표로 재직 중이다.

스타일리스트 김정민 씨의 작업실에서 그와 스태프들이 푸드 스타일링 준비로 분주하다. 무대처럼 높은 단에 마련된 주방은 이곳에서 가장 중요하고 핵심적인 공간.

트럭 다섯 대가 쏟아놓고 간 태산 같은 짐

부암동에 걸맞게 경사진 골목 안쪽에 자리 잡은 그의 새 보금자리는 이사하는 날 다섯 대의 트럭이 들고 나느라 한바탕 소동을 치렀다. 5톤 트럭 세 대와 1톤 용달 트럭 두 대가 좁고 경사진 골목에 진입하느라 그야말로 사투를 벌인 것. 스타일리스트란 수많은 촬영 소품을 식구 삼아 함께 살아가야 하는 운명. 온갖 스타일별 그릇과 커트러리는 물론, 화로부터 전자레인지 등의 열기구와 앤티크 그릇, 초 등의 소품까지 이전 작업실 어디에 숨어 있었는지 끝도 없는 짐들이 꾸역꾸역 새집으로 밀어닥쳤다. 한 일주일을 그는 망연자실 부려놓은 짐 사이에서 헤맸다. 그의 지난 10년을 말해주는 수백 점, 아니 수천 점의 그릇이 산을 이루었다. 이사를 틈타 오래전 장만해놓고 깜빡 잊고 있던 그릇이 불쑥 나타나기도 하고, '한국에서 나만 가지고 있을 거야'라며 흐뭇한 마음으로 샀던 그릇은 자취도 없이 사라졌다. 정리하고 정리하고 또 정리한 끝에 그릇과 소품의 산은 해체되었지만, 여전히 구석구석에는 정리하고 손볼 곳 투성이다.

1 입구에는 모던하면서도 동양적인 스타일의 그릇을 따로 정리해두었다. 이는 그가 가장 좋아하고 잘 표현하는 스타일 중 하나. 유리 파티션 아래 놓인 액자 속 그림은 화가로 활동하는 그의 동생 작품이다. 2 촬영용 소품으로 쓰는 패브릭 종류만 해도 수천 가지는 될 듯하다. 3 스타일리스트 김정민 씨.

짐이 점차 제자리를 찾으면서 얼굴을 드러낸 이 공간은 그가 좋아하는 스타일을 닮았다. 모던하고 매끈하며 세련된 모노톤. 입구에는 육중하고 단단한 철문을 달았고, 노출 콘크리트로 마감한 내부는 마치 공장 건물처럼 기둥과 천장 구조를 고스란히 드러내도록 했다. 또 벽이란 벽에는 모두 수납장을 짜 넣어 무수한 그릇과 소품을 소화했다. 무엇보다 공을 들인 것은 역시 주방. "작업실을 이전할 때마다 여러 가지 형태의 부엌을 만들어봤어요. 워낙에 스틸 소재를 좋아하기 때문에 스테인리스 부엌도 벌써 해봤고, 이전 작업실에서는 나무와 유리 소재를 섞은 주방을 썼죠. 그때부터 이미 '김정민의 다음 부엌은 돌이다'라고 생각하고 있었어요. 하지만 돌 소재로 사진 촬영과 스타일링 수업을 할 만한 규모 있는 주방을 만들려면 비용이 엄청나지요. 돌이랑 가장 비슷한 느낌이 콘크리트일 것 같아서 이곳 작업실에는 콘크리트로 조리대와 테이블을 만들었죠."

김정민 씨의 작업실은 유리 박공지붕 아래 자연광을 조명처럼 받으며 '돌의 주방'이 무대인 양 우뚝 자리 잡고 있다. "이곳의 유리 박공 지붕으로 자연광이 환히 들어오는 게 마음에 들었죠. 제가 청담동에 살 것 같은 일을 하고 있지만 사실은 강북 출신이다 강북 정서를 더 좋아해요. 이곳은 한때 사진가 구본창 선생님의 스튜디오였대요. 나도 그분처럼 잘되어서 나가려고요." 이 무대에서 다듬고 썰고 익히고 맵시 내며 그의 요리 쇼가 펼쳐질 것이다. 그의 감각도, 실력도 무르익었음을 알기에 앞으로의 쇼가 더욱 기대된다.

거대한 그릇 수납장을 배경으로 역시 콘크리트로 만든 테이블이 놓여 있다. 그가 좋아하는 조명 컬렉션과 개미 체어를 매치해 멋을 더했다.

김정민의 다음 주방은 '돌'이다

상판 표면에 방수 처리를 하는 등 여러 가지 궁리를 해서 완성하기는 했지만, 처음 시도해보는 것이라 어떤 장단점이 있을지는 지내봐야 알 것 같단다. 이처럼 공을 들인 콘크리트 조리대는 유리 박공지붕 아래 쏟아지는 자연광을 조명 삼아 우뚝 자리 잡고 있다. 그 앞으로 학생들이 수업을 들을 수 있는 조리대가 형제처럼 나란히 서 있다. 이 두 개의 조리대는 전체 공간에서 하나의 무대를 이룬다. 주방 바닥을 조금 높여 만들고, 바닥과 벽을 목재로 마감한 것도 그 같은 이유다. 무대와 같은 주방 공간, 요리를 마친 음식을 먹을 수 있는 다이닝 공간, 그가 좋아하는 의자 컬렉션으로 장식한 응접실, 그리고 유리로 공간을 구획한 사무 공간으로 새 작업실이 구성되었다. 카펠리니의 우아한 조명등과 사랑스러운 빈티지 아톰, 임스 빈티지 체어와 책상 의자로 쓰는 허먼 밀러의 미라 체어 등이 곳곳을 채우고 있다. "이삿짐을 정리하기도 전, 몇 개의 화보 촬영을 치렀어요. 시안 상의, 식재료 도착, 제품 협찬 전화는 물론 에어컨 설치, 화장실 설비 등 이사 관련 전화까지 완전히 녹초가 될 지경이었죠." 그 바쁜 와중에도 배달시켜 먹는 음식조차 예쁜 그릇에 보기 좋게 담아놓으니, 천생 스타일리스트다. 작은 스타일의 차이가 주는 기쁨을 사랑하기에 그 스타일을 만들기 위해 진이 빠지도록 최선을 다하는 여자이고 촬영을 위해 모양만 낸 요리를 지독히 싫어하고 맛있게 만들어야 그 맛까지 사진에 담긴다고 생각하는 스타일리스트, 작은 소품 하나에도 신경을 곤두세우는 깐깐한 프로, 그러나 한복려 선생 같은 요리의 대가 앞에서는 수줍은 존경을 숨기지 못하는 열정의 소유자가 김정민이다. 그가 모던한 이곳에서 만들어가는 스타일링은 그 외양과는 다르게 묵은 김치처럼 깊은 감칠맛으로 숙성되리라.

갤러리로 사용하기 위해 고덕우 씨가 새로 마련한 공간. 그의 그릇과 조각 작품들로 가득 찬 보물창고나 다름없다.

도예가 고덕우

투박해서 편안하고
그래서 더 아름답다

도예가 고덕우는 도예를 비롯해 조소를 전공하며 표현의 다양성을 추구해왔다. 그는 흙으로 표현할 수 있는 도자기의 다양성, 핸드메이드만이 가질 수 있는 대담함과 자유로움을 자신의 작업에 표현하고 있다. 또한 오랜 도자 작업을 통해 독자적인 작업 세계를 정립하며 자신의 이름을 건 작가브랜드 '고덕우도자기'를 탄생시켰고, 경상도 양산에 터를 둔 작업장에서 모든 작업을 순수수공으로 하고 있다. 흙을 채취하고 고르는 최초 단계부터 성형과 가마불작업에 이르는 전과정까지 오롯이 혼자 힘으로 일궈간다. 2005년 용산 국립중앙박물관 '뮤지엄샵' 개관 입점 작가로 선정되었으며, 2000년부터 해마다 서울리빙디자인페어에 참여하는 동시에 해외 다양한 페어에 이름을 올리고 있다.

흙에 대한 도예가의 집착

"어제 구운 그릇을 꺼낼 때가 됐는데, 왜 안 오시나 했습니다." 손에 묻은 흙을 탁탁 털며 작업실에서 걸어 나오는 그의 첫인상은 예술가라기보다는 여느 시골에서 볼 수 있는 소탈한 마을 이장님 같았다. 아니나 다를까, 그는 정말로 동네 이장님이란다.

작업만으로도 바쁜 그가 마을 일까지 보고 있으니 동네 밖으로 나갈 겨를이 없다는 말이 이제야 이해가 되었다. 경주에서 태어난 그는 결혼 후 아내와 함께 지금의 동네에 들어와 정착했다. 이곳에 터를 잡은 지 15년이 훌쩍 넘었다. 그를 따라 집 주변을 한 바퀴 둘러보고 나니 천연 재료로 그릇을 만드는 그가 왜 경남 양산 백록리의 이 마을에 반했는지 알 것 같았다. '고덕우도자기' 그릇에 없어서는 안 될 중요한 재료인 황토가 집 뒷산에 오르니 한가득이며, 집 건너편 농경지는 수분 함량이 낮은 마사토 지대. 이 흙 역시 그릇의 재료가 되는데 흙에 대한 그의 집착은 상상을 초월한다.

이 지역 외에도 주변 지인들에게 좋은 흙을 찾았다는 제보를 받으면 그길로 달려가 흙을 확인하고 덤프 트럭째 담아 오기도 한다. "같은 성질의 흙이라 하더라도 지역에 따라 특성이 조금씩 달라 작업을 하면 발색에서 미묘한 차이가 납니다. 어떤 빛깔이 나올지 궁금해 가마에 넣고는 수시로 들여다봅니다. 매번 자연의 신비를 경험하는 셈이지요."

가마에서 그릇을 꺼내는 순간이면 여전히 설렌다는 고덕우 씨. 한나절 꼬박 그릇을 굽고 나면, 가마는 그 열기를 식히기 위해 밤샘 시간을 보내야 한다.

그의 도자기를 보기 위해 무작정 찾아오는 손이 부쩍 많아졌다. 그런 손님들을 위해 마련한 응접실 겸 미니 갤러리. www.kodukwoo.com에서 다양한 작품을 볼 수 있다.

이름을 건 브랜드 '고덕우도자기'

그는 고등학교 졸업 후 여러 도예가의 문하생으로 들어갔다. 백자부터 분청까지 저마다 작업 스타일이 다른 도예가들로부터 흙과 유약의 특성에 대해 폭넓게 배울 수 있었고, 결국 그만의 작업 세계를 정립하는 밑바탕을 마련했다. 흥미롭게도 그는 대학 시절 도예가 아닌 조소를 전공했다. '고덕우도자기' 그릇에서 나타나는 입체적 형태와 그가 전시에서 도자를 활용한 조각 작품 작업을 함께 하는 것도 그 영향이다. 그는 도예 일을 평생의 업으로 삼으며 '누가 봐도 내가 만든 그릇인지 알 수 있는 그릇'을 만들어야겠다고 결심했다.

자신의 이름을 건 브랜드를 만든 것도 같은 이유에서다. 매끈하고 고운 그릇보다는 투박한 것이 편안하며, 그래서 더 아름답다는 그의 말대로 '고덕우도자기'는 다듬지 않고 자유분방한 형태와 색감이 돋보인다. 소박하고 정겨운 느낌을 표현할 재료는 가까운 자연에서 얻는 것이 좋겠다는 생각에서 유약 역시 천연 재료를 사용한다. 의도하는 색을 내기 위해 장석유나 진사유도 사용하지만, 그의 작품 특징을 가장 잘 나타내는 것은 참나무를 태우고 남은 재와 1년간 간수를 뺀 소금이다. 흙도 직접 채취해야 직성이 풀리는 그는 유약도 직접 만들어 쓴다.

작업실 한쪽에 놓인 속이 깊은 드럼통에는 누런 색을 띠는 정체 모를 물이 가득하다. "참나무재 유약을 만들기 위한 밑준비입니다. 참나무재는 양잿물 성분이 있어 그걸 없애야 해요. 독성이 강해 생활 식기로 좋지 않을뿐더러 그릇에 얼룩이 생기기 때문이지요. 일주일 정도 물에 담가두고 수시로 물을 갈아줘야 합니다. 누렇고 미끌미끌하게 떠오르는 양잿물이 없어지면 그때 유약으로 만들어 사용합니다."

1 작업실 뒷산. 그가 파놓은 구덩이 속에 붉은 기운 머금은 황토가 한가득이다. 2 장인의 손길은 거침이 없다. 조금이라도 마음에 들지 않는 것은 그 자리에서 잔 조각이 되어 버린다. 3 그릇 갤러리 겸 응접실 한쪽에 놓아 둔 화분. 판매용으로 쓸 수 없는 그릇을 골라내어 화분으로 탈바꿈 시켰다. 4 흙과 소금의 질감이 느껴지는 고덕우 씨의 그릇들.

우리나라 최초의 유약이 바로 재유라니, 도예가에게는 재유가 밥과 반찬같은 사이다. 고덕우 작가가 재유 중에서도 특히 참나무재유를 고집하는 이유는 투박하고 자연스러운 질감 때문이다. 반면 소금은 철도 부식시킬 만큼 성질이 강한데, 황토를 바른 그릇에 소금물을 발라 구우면 최고 온도가 1320℃에 달하는 맹렬한 불 속에서 황토의 철 성분이 녹아 그릇에 용암이 흐른 듯한 흔적과 오톨도톨한 소금 알갱이를 남긴다. "어떤 날은 종일 물레 작업을 하고, 또 어떤 날은 황토만 바르거나 유약 작업만 하기도 합니다. 열흘에 한 번 정도 가마에 불을 올리니 부지런히 작업하는 편이죠. 아침에 눈뜨면 아이들을 학교에 데려다 주고 커피 한잔 마시고는 작업실로 들어가요. 그러면 아무리 내 손으로 빚고 유약을 발라도 가마에서 그릇을 꺼낼 때마다 생각지도 않은 작품을 만나게 되니 자연 앞에서는 한없이 작은 존재임을 깨닫거든요. 방심하고 자만할 틈 없이 부지런히 작업에 매진하게 만드는 원동력이 바로 흙이자 불입니다."

아직 서울에만 그의 도자기를 판매하는 매장이 있는 탓에 그의 그릇을 보기 위해 무작정 찾아오는 손님이 많다. 그래서 작업실 2층을 작은 갤러리로 꾸미고 차 한잔 대접해 보낸다. 한데 가족과 함께 지내는 살림집이다 보니 다른 공간이 필요하겠다는 생각이 들어 얼마 전, 집에서 5분 거리에 작은 집을 한 채 지었다. 그릇과 그의 조각 작품을 차차 옮겨 고덕우도자기를 만날 수 있는 작은 갤러리 겸 일반인에게 도예를 알리는 문화 공간으로 꾸밀 예정이다.

이름을 내건 그릇이니만큼 시작할 때의 결심이 흐트러지지 않아야 한다고 믿는 고덕우 씨는 아직도 남의 손이나 기계 공정 없이 홀로 작업실을 지킨다. '실용성을 갖춘 세간이자 작품'을 만드는 그의 그릇에는 투박하고 소탈한 멋이 있고, 느림의 미학이 있으며, 그의 가장 좋은 스승인 자연의 오묘한 신비가 담겨 있다.

이화동에 자리한 문인화가 소석 구지회 씨의 서울 거처이자 작업실 외관. 낡고 오래된 이층집에 한옥의 처마를 닮은 마감을 더한 모습이 재치 있다.

문인화가 구지회

과거와 현재를 잇는 이화동 소석화실

전통 남화의 맥을 잇고 있으면서도 새로운 문인화의 길을 개척하고 있는 작가 구지회는 자유분방한 표현법을 통해 전통적인 수묵화와 현대 표현주의를 성공적으로 접목한다. 동물과 새 그림을 주제로 한 그의 작품은 먹을 사용해 간략하게 그린 후 엷은 채색을 하는 전통 문인화 기법에 비해 과감한 생략과 색감으로 문인화를 현대적으로 재해석했다는 평을 얻고 있다. 치련 허득의, 소암 현중화 선생에게 사사한 구지회는 이처럼 문인화의 전통 수묵화 기법을 유지하면서도 현대적으로 재조형하려는 노력을 기울이고 있다. 2004년부터 2년 간 한국문인화협회 부이사장을 지냈으며, 경희대 교육대학원에서 서예문인화를 가르치는 한편, 소석화실에서 일반에 문인화를 알리는 작업을 하고 있다.

1 화실 안쪽에서 문 쪽을 바라본 모습. 나무로 틀을 짜고 종이를 바른 문이 한옥을 연상시킨다. 천장은 화실 안쪽과 달리 노출 콘크리트를 그대로 드러냈다. 2 구지회 씨의 작품이 집 안 곳곳에 새겨져 있다. 3 시멘트 계단을 오르면 구지회 씨의 작업실이 드러난다. 작가의 필체로 쓴 현판이 방문객을 맞는다. 4 휘어진 나무 형태를 그대로 적용해 짜 맞춤한 선반. 작가가 직접 구한 나무를 재료로 집을 공사할 때 짜 넣었다. 다도를 행할 수 있는 여러 도구가 선반 아래쪽을 채우고 있다.

현대에 피어나는 조선의 향기

아득하게 가파른 계단, 폭이 좁은 골목, 낡은 외관의 키 작은 건물들이 줄지어 선 나이 든 거리. 젊은 작가들의 색감과 드로잉으로 채워진 이화동은 '벽화마을'이란 별칭을 갖고 있다. 낙산공원으로 향하는 이화동의 남다른 골목 한편에 문인화가 소석 구지회 씨의 작업실 겸 거처가 있다. 한옥에서 따온 듯한 처마와 춤을 추는 듯한 호랑이 벽화가 이곳이 예사롭지 않은 공간임을 이야기하고 있는 듯하다. 이곳이 바로 순천에 살면서 서울과 제주도를 오가며 작업을 이어오고 있는 문인화가 구지회 씨의 공간이다.

조선시대 사대부의 그림에 뿌리를 둔 문인화는 사람의 계층이 사라진 현대 사회에서는 그저 사전적 의미로 정의될 뿐이다. 그렇다면 17년간 도제로 문인화를 익힌 작가는 40년 가까이 그려온 문인화를 어떻게 정의할까. "지금 하고 있는 사람의 입장에서 정의를 내리기란 쉽지 않습니다. 송나라 때부터 있던 용어이긴 하지만, 조선시대의 문인화란 명칭도 결국엔 후대에 붙인 이름이죠. 제가 하는 문인화란 그저 평생 동안 익혀야 하는 것이라고 생각합니다. '노경老境'(늙어서 나이가 많은 때)에 들어서 비로소 제대로 표현할 수 있는 것이라 젊은 시절에 좋은 작가가 나오긴 어렵다고 봅니다. 선을 익히는 것조차 벅찬 일입니다. 나의 모든 작업 역시 문인화에 이르기 위한 과정입니다. 노경에 들어 경지에 이르렀을 때 '아, 이제는 표현할 수 있겠구나' 싶은 순간이 오겠지요. 그런 의미에서 저에겐 장욱진 씨나 이우환 씨도 문인화의 경지에 다다른 분들이라고 생각합니다." 오랜 기간 한길을 가는 사람만이 노경에 이를 수 있다고 이야기하는 소석 구지회 씨에게 붓, 글, 시는 모두 도구일 뿐이다. 수행으로 경지에 이르는 스님처럼 작가 역시 자기만의 도구로 경지에 이르는 것이라고 믿기 때문이다.

한옥의 모티프를 빌린 소석화실

화실의 인테리어를 맡은 이는 골동품 컬렉터이자 인테리어 작업을 병행하는 지인 김영수 씨다. 낡은 건물의 내부를 모두 털어내고 창문도 문도 나무로 틀을 짜서 종이를 발랐다. 해가 잘 드는 작업 공간은 조금 더 적극적인 한옥 효과를 내기 위해 서까래 같은 천장 마감을 했고, 주춧돌을 괸 기둥도 박아 넣었다. 제자들과 차를 마시며 이야기를 나누는 거실은 노출 콘크리트 천장을 그대로 드러내 넓은 공간감을 활용했고, 한옥에 쓰는 화려한 장식물을 곳곳에 적용해 다양한 표정을 만들어냈다. 침실은 부엌과 연결되어 옛날 한옥의 동선을 그대로 따랐다. 한옥의 모든 디테일을 세세하게 따르지 않았음에도 이 공간은 충분히 아름답다. 문인화의 전통 기법을 뛰어넘어 자신만의 화풍을 이룩해낸 작가처럼 이 공간 역시 전통 요소들을 삶이란 그릇에 디자이너만의 방식으로 담담하게 담아냈기 때문이다.

한국화의 다른 이름으로 불리기도 한 문인화는 부흥기(1980년대 초·중반)에 비해 오히려 작업을 하는 인구가 더 많아졌다. 문화센터며 대학교 교양 수업에도 문인화란 카테고리가 생겼으니 말이다. 소석 구지회 작가가 서울과 제주도, 순천을 오가며 작업을 하는 이유도 여러 지역의 제자들을 가르치고 만나기 위해서다. 삶의 쉼터로 여기는 순천에 비해 서울은 가장 많은 작업을 하는 장소다. 그래서 이 공간의 존재는 작가에게 더욱 각별하다.

오래된 한지 위에 그린 병풍과 작가의 작품 '파랑새는 있다'가 마주하는 자리 너머로 작가의 작업장이 보인다. 한옥에 적용할 법한 장식물과 기둥 형태가 이 집 고유의 분위기를 완성했다.

소석화실에서 펼쳐질 작가의 새로운 작업

전통적 수묵화 기법과 현대 표현주의의 특징을 모두 갖춘 작가의 작업은 많은 문인화가 중에서도 독보적 화풍을 지녔다는 평가를 받는다. 끊임없이 거듭나려는 그의 적극적인 태도는 회화, 조형, 사진, 디자인 등 문인화를 제외한 다양한 장르의 전시를 꼼꼼히 챙겨보는 노력에서도 여지없이 드러난다. 몇 개의 강의와 전시 관람만을 목적으로 뉴욕을 다녀온 작가는 "뭔가 정리된 느낌"이라는 말로 뉴욕 여정을 들려주었다. 많은 전시 중에서도 세잔, 모네, 르누아르 등 인상파 화가들의 작업을 총망라한 〈모마와 피카소〉전이 열리던 구겐하임 미술관을 가장 인상 깊은 전시장으로 꼽았다. "동서양을 막론하고 좋은 그림은 단순하고 명료합니다. 어느 경지에 오르면 핵심만 얘기하는 거죠. 물론 단순해지기 위한 과정에는 치열한 고민과 방대한 작업, 경험과 지식이 따르게 마련입니다. 최고의 경지에 오르면 형체며 설명을 다 털어버리고도 선 하나로 질감 하나로 표현할 수 있습니다. 대가의 그림일수록 더욱 단순했습니다." 본질을 꿰뚫는 눈과 내면의 철학이 재료가 되는 문인화를 위해서는 오거지서五車之書(다섯 수레에 가득 실을 만큼 많은 장서)를 봐야 한다고 할 만큼 길고 오랜 배움의 길이 필요하다. 그림을 그리는 과정 자체가 수행의 길로 여겨질 정도다. 끊임없이 자신을 다그치고 변화를 익히며 작업을 게을리하지 않는 작가. 그가 이야기하는 '노경'에 이르는 길에서 조우한 소석화실은 작가의 가치관과 여유로운 정서가 잘 반영된 공간이었다.

서까래 느낌을 더한 천장 덕분에 한옥의 고즈넉함이 느껴지는 소석화실의 작업 공간 모습. 작업 중인 작가의 뒤에 걸려 있는 힘 있는 필체는 중국의 서예가 장욱광 선생 작품이다. 또 작가 앞으로 펼쳐진 색 바랜 한지는 모두 고지에 작업을 한 최근작이다.

촘촘한 서울의 풍경을 비롯해 남산이 바라다보이는 창가. 대청마루를 닮은 평상, 서까래와 주춧돌 위의 기둥으로 한옥의 정취를 담았다. 시대도 시간도 지역도 가늠할 수 없는 이 집만의 독특한 풍경이다.

1 구지회 씨의 문인화는 전통 기법을 뛰어넘어 자신만의 화풍을 이룩해냈다고 평가받는다. 2 오래된 건물에 깔아둔 돌판에 전각 칼로 작업한 작품과 한지 먹 작업이 서울 풍경을 담은 창과 나란히 걸려 있다. 3 구지회 씨의 작품. 힘겹게 선반을 부여잡은 개구리가 눈에 띈다. 4 희망은 열려 있다는 의미를 내포한 대형 작품 '파랑새는 있다' 앞에 앉은 구지회 작가.

382 플레이 그라운드 내부 모습

패션 디자이너 임선옥

진지와 유쾌가 공존하는 크리에이티브한 디자인

임선옥은 다양한 필드와 소통하는 패션 디자이너다. 뮤지컬, 현대 무용, 식기 등 다양한 작업을 섭렵하고 있으며, 패션과 문화를 접목하는 일에 관심이 많다. 이탈리아 리빙 브랜드 구찌니와 콜라보레이션 프로젝트를 진행하는가 하면 공간 디자이너 김백선과 함께 국립중앙박물관에서 '패션과 예술의 신나는 화학반응'이라는 주제로 전시를 하기도 했다. 뮤지컬 '대장금' 등의 공연에서 의상 디렉팅을 맡았고, 뮤지컬 '자유부인'에서 단독 패션쇼를 선보이기도 했으며, 영화 '성냥팔이 소녀의 재림'을 통해 대종상 의상상을 수상하기도 했다. 부암동에 임선옥의 작업실과 쇼룸이 있다('382 플레이그라운드'라는 이름으로 오픈했던 멀티 컨셉트 숍에서, 최근 리런칭한 브랜드 '파츠파츠PartsART by IMSEONOC'로 브랜드 네임을 교체했다). 이곳에서 그녀의 철학이 담긴 패션 컬렉션과 작업 세계를 만날 수 있다.

옷의 본질에 충실하면서도 자신의 실험을 끊임없이 추구해가는 디자이너 임선옥 씨. 삶을 퍼포먼스로 즐기며 조용한 카리스마를 발산한다.

1년을 앞서 살아가는 패션 디자이너의 숙명

"이미 제 마음은 작열하는 태양 아래 서 있답니다." 패션 디자이너 임선옥 씨. 날씨가 점점 스산한 겨울로 치닫는 때에도, 그는 이미 겨울을 지나 여름을 향하고 있다. 매해 S/S 컬렉션을 준비해야 하고 끝나는대로 바로 다음해 봄에 열릴 F/W 컬렉션을 준비해야 하니 족히 1년은 앞서 살아가는, 그것이 바로 패션 디자이너의 숙명이리라. 숙명을 거스를 순 없지만 상쇄할 수는 있는 법. 그는 아이러니하게도 시간이 더디게 흐를 것 같은 동네, 종로구 부암동에서 은둔하며 첨단과 유행이라는 패션의 속성을 가뿐히 초월하고 있다.

임선옥 씨를 만난 것은 멀티숍 '382 플레이 그라운드PLAYground'의 오픈 날(2011년)이었다. 그의 표현대로 '코끝이 맑아지는 동네'에서 생활한 지 제법 오랜 시간이 흘렀다. 신사동 가로수길의 상권이 활성화할 무렵, 왜 그렇게 외진 곳으로 가느냐 만류하는 이들이 적지 않았지만, 패션계의 빠른 '속도전'에서 한 걸음 물러나 한숨 고르고 싶은 그에게 한적한 부암동은 구원의 안식처였다. 또 주변 분위기에 휩쓸리지 않고 디자인 자체에 집중할 수 있으리라는 확신이 들었다. 그리고 그는 이곳에 오기 전과는 스스로 느끼기에도 믿기지 않을 만큼 큰 변화를 경험했다고 한다.

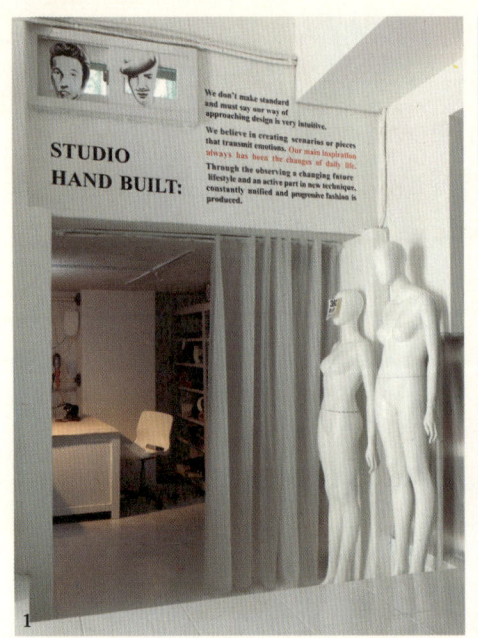 

1 옷의 각 부위를 패턴화해 원하는 컬러와 조합하여 재킷, 원피스, 블라우스 등을 제작할 수 있는 382 플레이 그라운드의 핸드 빌트 코너. 2 '과거의 경험은 이미 새로운 데이터가 될 수 없다'는 임선옥 씨는 신진 디자이너가 들어오면 가르치는 대신 경험으로 깨닫게 한다. 3 부암동의 랜드마크가 된 임선옥 씨의 첫 번째 쇼룸 스태프들이 모두 모였다.

열린 노동, 창작의 '놀이터'

소담한 골목길 입구, 하얀 벽면으로 둘러싸인 '임선옥 IMseonoc' 쇼룸은 옷을 만드는 모든 과정이 드러나 있다고 해도 과언이 아니다. 커다란 유리창 너머 엉성하게 천을 드리운 안쪽이 작업실, 바깥쪽이 쇼룸이다. 현란한 컬러의 패브릭 때문일까, 이곳을 지나는 이들은 언제나 호기심 어린 눈으로 유리창 안을 들여다보곤 한다. "오리고 박음질하고, 피팅하는 과정을 거쳐야 하나의 작업물을 완성할 수 있습니다. 그 과정 자체가 의미 있고 고귀하다는 걸 많은 사람에게 알리고 싶었어요. 반은 성공한 셈이지요."

그리고 2011년 10월, 두 번째 쇼룸을 오픈했다. 같은 골목길의 안쪽에 자리 잡은 멀티 콘셉트 숍 '382 플레이 그라운드'는 패션, 문화 콘텐츠, 디자인 프로덕트, 패브릭 등을 보여주는 복합 문화 공간이다. 컬렉션을 통해 크리에이티브한 옷을 보여준다면, 공간으로 규정한 이 장소에서는 다양한 라이프 스타일을 제시하겠다는 것이 1차 목표다. "페인팅, 타일까지 온통 화이트 컬러로 마감해 아무 벽에나 설치 영상을 틀거나 영화를 상영할 수 있어요. 동네 사람들을 불러놓고 쇼룸을 캣워크 삼아 하우스 패션쇼를 열 수도 있고요. 아, 패션쇼를 한여름 밤 백사실 계곡에서 펼쳐지는 올댓재즈 공연과 함께 엮어도 재미있겠네요."

그는 오픈 날 설치작가 이영호 씨, 현대무용가 박소정 씨와 함께 공연을 펼쳤다. 춤과 옷, 예술이라는 각자의 작업 특성 중 '속도'에 초점을 맞춘 공연은 예술을 모르더라도 충분히 공감할 수 있는 매개체가 있었으니 바로 '패션'이다. "패션은 트렌드의 중심에서 끊임없이 대중의 관심을 받는 분야예요. 그렇기 때문에 디자이너는 현실과 이상 사이에서 어떻게 균형을 맞춰 앞으로 나가야 하는지를 항상 고민해야 합니다." 그는 디자이너로서 사회와 환경에 대한 역할 문제에서 철학이 분명하다. 최근 논란의 대상인 패스트 패션의 가장 큰 문제는 획일화된 스타일로 진정한 패션의 의미를 퇴색한다는 점.

1998년 서울 컬렉션 초청 이후 결혼하던 해를 제외하고 매해 쇼를 진행했다. 쇼를 위해 준비한 아트워크와 2012 S/S 컬렉션 의상 보드가 한눈에 들어온다.

그 역시 한때는 유행을 좇았다. 이른바 잘나가는 신진 디자이너 시절 트렌디하고 컬러감 있는 옷을 원 없이 만들었지만, 그 시기를 지나자 장식이 하나씩 빠져나가고 점점 더 기본에 충실한 옷이 되더란다. 현재 브랜드 '임선옥'이 궁극적으로 추구하는 디자인은 어떤 장치 없이도 그저 입었을 때 멋이 느껴지며 편안한 상태의 옷이다.

2차 목표는 직원들의 쉼터를 마련해주는 것이다. 디자이너들은 생각과 손의 움직임이 동시에 이루어져야 한다. 매일 트레이닝 하지 않으면 힘들다. 하지만 공부할 시간은 부족하다. 이때 오너의 눈을 피해 쉴 수 있는 곳이 필요하다. 머리를 식히고 싶으면 책 한 권 들고 가도 좋고 크게 음악을 들어도 좋다. 그러면서 아이디어가 나오는 법.

382 플레이 그라운드 공간 구석구석에는 재미있는 아이디어가 숨어 있다. 우선 재단실을 형상화한 공간은 브랜드 임선옥에서 개발한 특허 기술이 펼쳐진 곳. 팔·다리·네크라인·등판·앞판 등 옷을 이루는 모든 부위를 패턴화해 원하는 사이즈, 원하는 디자인, 원하는 컬러로 조합할 수 있다. 재킷, 원피스, 가방 모두 가능하다. 그뿐만 아니라 라이프스타일 코너에는 원단과 직접 담근 차, 피클도 선보인다. 매장 한쪽에는 지리산 구례 지역의 생수도 판매한다. 손으로 만드는 것이라면 뭐든 즐겁다는 그는 가회동에서 도자를 배웠는데, 코리아 헤리티지 패션쇼를 위해 청자와 백자를 모티프로 텍스타일을 개발했다. 은은한 백자 달항아리가 마치 도트 문양 같기도 한 헤리티지 시리즈는 벌써부터 반응이 뜨겁다. 도자 문양은 의상뿐 아니라 침구, 쿠션 등 홈 패브릭 아이템에도 잘 어울린다. 옷과 지리산 생수, 피클의 조합이라니!

1 핸드 빌트 숍에서 내 마음대로 디자인할 수 있는 백 컬렉션. 2 임선옥 씨의 디자인은 기본에 충실하면서도 동양적인 선과 위트가 느껴진다.

Fashion is not business

"얼마 전 막내 디자이너에게 5만 원을 주고 티셔츠를 사오라고 했더니, 모 브랜드에서 석 장이나 사왔더라고요. 저희 티셔츠를 주면서 같이 입어보라 했어요. 직접 입어보고 느끼라고요. 며칠 입어보더니 '아' 하더라고요."

임선옥의 옷은 디자인이 특이한 게 아니다. 대상이 다를 뿐이다. 20~30대를 대상으로 하는 옷은 가늘고 타이트하지만, 나이에 구애받지 않는 임선옥의 옷은 트렌드를 추구할 필요가 없다. 낱장의 티셔츠지만, 그 위에 턱시도 재킷을 입고 시장에도 가고 사무실에도 가는 이 시대 여성을 위한 옷. 디자인은 평균적이되 누가 입어도 편안한 밸런스를 찾아주는 것이 중요하다. 또한 고품질을 유지해야 한다. 예를 들어 동대문에서 1만 원짜리 머플러를 사서 문제가 생기면 싼 게 비지떡이라며 값을 탓하지만, 브랜드 임선옥에서 1만 원짜리 머플러를 샀는데 문제가 생기면 얘기는 달라진다. 인지도만큼 리스크가 큰 것. "저희 스태프가 모두 여덟 명이에요. 패션업계의 기준에서 보면 생산량에 비해 직원 수가 많은 편이지요. 투자가 많은 것에 비해 수익이 크지는 않지만 감안할 수 있어요. 우리가 시장에 요구하는 것은 노동에 대한 경외심을 가져달라는 것입니다."

왜 굳이 10만 원짜리 티셔츠를 만드는 것인가. 수익성을 따진다면 절대 할 수 없는 일이지만, 그가 지난 15년 동안 고집스럽게 지켜온 이유는 바로 '이상理想의 70% 정도'를 실현하는 삶을 살기 위함이다. "제가 아니어도 판매나 비즈니스를 맡아주실 분은 많지요. 저는 작업을 지속하는 것 자체가 목표입니다. 한국에서는 디자이너가 사람을 고용해 옷을 만들고 유통시키는 어패럴 회사와 같이 단순한 비즈니스 형태가 정착되어 있어 창작물이 거의 없어요. TV와 같은 매체에서도 다양한 수단을 통해 자극적인 경쟁을 부추기는 것이 현실이고요."

1 고운 명주 이불의 빈티지 버전. **2** 방 안을 꽉 채운 소파에 빈티지 패브릭을 씌웠더니 패치워크한 듯 생동감이 느껴진다. **3** 시어머니가 쓰시던 재봉틀을 TV장으로 활용했다. 윤수인 작가의 작품과 항아리의 매치가 이색적이다.

사실 누가 제일 잘하는 디자이너인지를 어떻게 평가할 수 있을까. 매출로 이러한 평가가 가능할까. 디자이너를 평가하기 위해서는 상당히 노련한 방법을 통해 그 디자이너의 창의적 요소를 들여다볼 수 있어야 한다. '크리에이티브한 생산물을 만들어내는 집단', 그것이 바로 디자이너 임선옥 씨가 추구하는 궁극적 가치이자 목표인 셈이다. 그는 2009년 광주디자인비엔날레에서 실크 패브릭에 가면을 씌우고 늘어뜨린 설치 작업으로 화제를 모은 바 있다. 이미 미술계에서 많은 러브콜을 받고 있다.

"패션 디자이너의 의상이 예술화되면 미술관도 훨씬 부드러워질 수 있어요. 사실은 의상실에 있어야 하는 옷이 미술관으로 옮겨갔을 때의 충돌과 서로 다른 감각을 받아들일 거라는 얘기죠. 저는 고물상에 다니는 걸 워낙 좋아하는데, 그 이유는 다른 이들이 찾지 않는 것을 발견하는 기쁨이 그만큼 크기 때문이에요. 서로 소통하되 해석의 방식이 달라지는 것, 경계를 나누지 않는 것, 그것이 바로 창의력의 원천이지요." 이쯤 되면 디자이너보다는 '크리에이터'가 더 맞는 역할인 듯싶다.

섬 같은 나의 집

옷은 몸을 담는 그릇이다. 집 또한 사람의 삶을 담는 그릇이다. 그 프로젝트 단위가 크고 작을 뿐이지, 개념은 건축과 패션이 결국 같은 것이다. "2012 S/S 컬렉션에서 발표한 의상 중 '집' 프린트가 있어요. 건축가 승효상 씨의 '빈자의 미학'을 나름대로 형상화한 것이에요. 빈집, 저의 삶의 모토와도 같지요."

작업 외에는 아무것도 욕심부리는 게 없다는 그는 시어머니께 물려받은 집에서 살고 있다. 이곳은 남편이 고등학교 시절부터 살던 집이라 의미가 크다. 주변 집들은 개발하거나 새로 지은 반면, 유일하게 옛날 모습 그대로 남아 있어 마치 길 한가운데 섬처럼 떠 있는 듯하다. 부부는 어머니가 쓰시던 가구를 대부분 그대로 사용한다. 다양한 원단으로 감싸놓은 아주 평범한 소파, 특히 빨간 재봉틀 위에 놓은 스마트 TV가 인상적이다. 바로 그가 말한 이질적인 충돌에서 비롯된 매력이다. 그는 이 이질적인 충돌을 곳곳에 이용했다. 다양한 원단으로 감싼 아주 평범한 소파, 드레스룸에 떡하니 들어가 있는 김치냉장고, 낡아서 틈이 벌어진 벽지 사이에 끼워놓은 메모와 명함들…. 한마디로 '여백이 있고 편안해서 옷을 입는 사람이 그 안을 스스로 채울 수 있는'이라는 그의 디자인 모토와 닮은 집. 사람이 들어섰을 때 비로소 공간의 콘셉트와 스토리가 완성되는 집이다.

1 오래돼 틈이 벌어진 벽지 사이로 명함과 스티커 등을 끼워둔다. 선글라스와 안경을 조명등에 매단 아이디어도 재미있다. 2 임선옥 씨의 감각을 느낄 수 있는 소품. 목에 칼라처럼 두르기도 하고, 스툴 위에 올려 방석으로 활용한다. 쌓으면 하나의 아트워크가 되는 일석삼조 아이템.

A perfect balance is what's needed in between artistic sense and business mind. what's also essential is a great insight that overlooks all! **INSEONOK**

섬유 신문의 발행인이기도 한 남편 장석모 씨와 그는 인터뷰로 만나 결혼에 골인한 케이스다. 디자이너가 만든 옷을 입고 신랑 신부가 하객을 맞았던 파티, 결혼식 역시 하나의 퍼포먼스로 재미있게 치렀다. "디자인을 하지 않았다면 화가가 되었겠죠. 하지만 디자인을 하면서 제 안에 갇혀 있던 무언가가 많이 열렸어요. 사람들도 많이 만나고, 스포트라이트를 받으면서 오히려 성향을 밝은 쪽으로 끌어낼 수 있었지요." 바텐더를 동경하는 남편, 사람 좋아하는 아내는 '바'를 운영하는 것이 가까운 미래의 꿈인데, 382 플레이 그라운드에서 그 전초전을 벌일 예정이다.

인터뷰를 마칠 무렵 계속되는 쇼를 준비하느라 "침대라도 갖다놓고 지낼 판"이라던 사무실을 찬찬히 둘러보았다. 벽면 한 구석의 선반 위에는 금속 정리함들이 가지런히 놓여 있다. 금속 정리함이 올려진 선반 너머 재단실 사이에 그의 자리가 있다. 생각과 노동이 분리되지 않고 한꺼번에 수반되어야 한다는 그의 이상은 그의 공간에서 비로소 완성된다. 작업실은 그 순간 무수한 의미의 공간으로 탈바꿈한다. 창조적 디자인을 할 수 있는 영감의 공간이자, 힘든 작업을 즐겁게 수행할 수 있는 노동의 공간. 그리고 모델들이 금방이라도 옷을 갈아입고 뛰쳐나갈 수 있는 캣워크가 된다. 작업실 한 가운데를 차지하는 작업대. 임선옥 씨는 작업대를 사이에 두고 춤추듯 그곳을 흘러 다니며 디자이너들을 진두지휘한다. "네가 지금 생각하고 있는 것, 그게 바로 디자인이야!"

1 그간 모아온 서적과 자료들을 수집해놓은 아카이브로 직원들의 쉼터로 활용하는 공간이다.
2 사무실을 위·아래층으로 나눠 쓰는 금슬 좋은 부부. 섬유 신문지를 발행하는 남편 장석모 씨는 디자이너인 아내보다 더 디자인에 열려 있고 패션에도 관심이 많아 패션 사진집과 잡지를 즐겨 본다.

외벽 구멍 사이로 뻗은 나뭇가지의 잎이 건물을 아름답게 감싼다.

화가 백순실

커피향 짙은 캔버스 위에 자연의 숨결을 노래하다

화가 백순실은 '동다송'이라는 주제로 40년간 작업하면서 차를 노래하는 작가로 알려져 있다. 땅의 생명력을 표현한 '동다송' 시리즈는 재료로 사용된 커피의 색을 반영하듯 흑갈색 바탕 위에 여러 가지 관념적 기호들이 자리한 것이 특징이다. 이와 함께 우리 고유의 소리를 그린 '한국의 소리' 판화 연작과 클래식 음악을 시각적으로 해석한 'Ode to Music' 시리즈 역시 그의 대표작으로 잘 알려져 있다. 2000년부터 시작된 그의 음악 시리즈를 통해 200여 개의 클래식 곡이 그림과 판화로 옮겨졌으며, 그의 음악작업은 아트북《뮤직》을 비롯해 여러 음악책 출간으로 이어졌다. 서울대 회화과를 나온 뒤 국내외 전시에서 호평을 받아온 백순실은 발색과 공간구성이 뛰어난 화가라는 평을 받고 있다. 그의 작업 정신을 살려 헤이리에 개관한 BSSM백순실미술관은 신진작가들과 대중들에게 언제나 열려있다.

화가로서 40여 년 넘는 대장정을 걸어온 백순실 씨. 그의 아틀리에는 헤이리 예술마을에 완전히 정착해 있다. 대형 캔버스도 이곳에서는 보통으로 보일 만큼, 공간은 탁 트여 있다. 이곳에서 그는 무한한 자유를 누린다.

차茶에 대한 남다른 철학

화가 백순실 씨를 아는 사람 중 일부는 그를 먼저 다도인으로 알았거나 또는 차 문화를 전파하는 사람이라 오해했을지 모른다. 그도 그럴 것이 화가로서 인생의 절반, 지난 20여 년간 차茶를 주제로 한 '동다송東茶頌' 연작을 선보인 백순실 씨는 실제 차에 대한 철학이 남다를 뿐만 아니라, 생활 또한 차와 함께 시작하고 마무리하기에 오히려 녹차와 커피를 주제로 한 잡지에 많이 등장했을 정도. 그리고 이 '동다송'은 그가 여전히 탐닉하는 테마로, 2011년 서울 금산갤러리에서 열린 개인전에서는 '동다송' 최신작을 선보였다.

"2011년 개인전에 전시한 '동다송'은 모두 커피를 사용해 그린 그림이에요. 전작에 등장한 차가 녹차였다면, '동다송' 작품은 커피를 주제로 한 그림, 커피를 물감 삼아 그린 그림이지요."

하나의 주제에 몰두하다 보면 결국 물아일체를 이루는 것일까. 그가 이전에 선보인 '동다송'은 은은한 녹차 향이 심신을 정화하는 그 청아한 울림을 다채로운 색상으로 표현한 것이건만, 지금 백순실 씨의 '동다송'은 주제 자체가 물성이 되어 식접 캔버스 안에 어우러져 표현되고 있으니. 범인凡人의 입장에서 예술의 시작과 끝을 예단하기란 최고의 무리수인 듯싶다.

갤러리에서는 클래식 음악회도 열린다.

예술의 근원은 일상이다

백순실 씨의 아틀리에는 파주 헤이리 예술마을에 있다. 삶터와 작업실, 갤러리와 카페 그리고 아트 숍까지 한 건물에 공존하는 곳. 정확히 표현하자면 백순실 씨의 아틀리에는 그곳에서도 유명한 나들이 코스인 헤이리 금산갤러리와 카페 블루메가 있는 곳, 그보다 더 쉽게 표현하자면 건물 외벽을 뚫고 나온 나뭇가지가 백미인 건물이다. 호젓한 자연 속에 세련된 문화생활이 가능한 복합 건물을 보고 있노라면, 왠지 모르게 커피를 마시며 그림을 그리는 멋진 화가 백순실 씨가 눈앞에 오버랩된다. 그리고 또 한 번 짐작하기를, 그래서 커피, 즉 '동다송'을 노래하는 게 아닐까. "헤이리로 온 후 제 생활도, 그림도 많은 변화를 겪었습니다. 새벽에 일어나 야생화 화단을 정리하고, 토마토·오이·고구마·배추·고추 등도 돌봐야 하고, 게다가 커피 생두가 들어오는 날이면 일일이 콩을 솎아내고 로스팅하니 커피 한잔 제대로 마시기 힘든 바쁜 일상이 연속되죠."

이 멋진 아틀리에에서 화가 백순실 씨의 삶은 한마디로 자연 살림꾼 그 자체다. 집 주변과 갤러리 정원에 1백여 종의 야생화를 가꿔 놓은 화단도 백순실 씨가 직접 돌을 골라내 개간한 것이고, 시골에서 수백 년 된 능소화를 가져와 갤러리 건물 안에 심고, 나뭇가지가 기를 펴고 살도록 외벽에 구멍을 숭숭 내준 것도 모두 그의 몫이었다니 말이다.

"소설가 박경리 선생은 《토지》를 집필할 수 있었던 원동력을 밭농사라고 했습니다. 땀 흘려 밭을 일구고 흙을 만지며 생명을 키우다 보면 저절로 명상이 되고 새로운 영감을 얻을 수 있지요. 저 또한 그런 경험을 이곳에서 매일 접하고 있습니다."

1 건물 내 자리한 카페 블루메. 오페라를 주제로 한 백순실 씨의 판화 작품이 전시되어 있다. 2 아틀리에 안에 자리한 휴식처, 다실. 황토벽과 창밖의 대숲이 운치 있다.

생명을 노래하는 땅, 땅의 빛깔을 지닌 커피

그렇다면 백순실 씨의 '동다송'을 커피를 통해 표현하는 이유는 이곳에서의 삶과 어떤 연관이 있을까?

"백순실의 그림은 추상적이다. 갈색, 황금색 또는 회갈색의 두꺼운 질감의 바탕 위에 주로 흑백의 유기적인 형상들이 부유하듯 떠다니거나 점점이 심어져 있다. 그러나 이내 거친 질감과 갈색조의 바탕 화면은 흙바닥이나 갯벌을 연상하게 하고, 그 위에 그려진 형상들은 꽃봉오리, 마른 나뭇가지, 씨앗 같은 자연의 형태를 떠올리게 한다. 찻잎을 우려 마시고, 커피를 추출하여 그 맛을 음미하고 향과 색을 즐기는 일상적 행위 속에서 작가는 작은 찻잎과 커피콩이 물리적으로 연유한 땅의 생명력으로 일상의 초점을 확대한다. 사회 경제적 변화의 흐름에 함께 흔들려온 일상의 옆길에서 몇천만 년간 변함없이 생명을 길어 올린 대지의 힘을 담아내고 대지의 인상을 표현하는 백순실의 동다송은 생명이라는 근원적인 주제를 다룬다.(중략)"

2011년 금산갤러리에서 열린 개인전 〈근원을 향한 일상〉 도록에 실린 서문을 보면 커피는 대지의 생명력을 표현하는 매개체요, 그 대지의 빛깔은 오로지 백순실 씨가 자연 안에서 체험한 생명의 다채로운 순간들이다. "사실 그 글은 제 딸이 썼어요. 누구보다 엄마의 삶과 예술가로서의 삶을 동시에 본 입장이다보니 작품의 의미를 단박에 짚어내더군요."

물감을 버리고 커피로 그림을 그린다는 것 자체가 독특한 예술성을 부여받지 않을까 싶은 백순실 씨의 '동다송'. 그러나 그 탄생 과정은 그리 녹록지 않았다. 전적으로 땅의 생명력, 그 원초적 신비를 표현해야 하는 캔버스는 커피라는 새로운 소재를 호락호락 받아들이지 않았고, 작가 또한 원하는 질감과 색상을 얻기가 쉽지 않았던 것.

"누가 보면 커피 성분을 실험하는 화학자라고 했을 거예요. 커피 색상, 농담 조절을 위해 에스프레소를 뽑는 양 조절은 물

1 개인전을 앞두고 '동다송' 연작을 완성 후 말리고 있는 중이다. 2 커피를 마시며 커피로 그림을 그리는 시간, 요즘 그의 일상이다. 3 엄청난 양의 붓과 물감, 안료가 작품처럼 쌓여 있는 작업실. 4 백순실 씨는 실제 원두를 직접 고르고 로스팅을 하는 커피 전문가이기도 하다.

론, 원두 원산지까지 구분하며 그 미묘한 차이를 놓치지 않았죠. 그리고 바탕의 질감이 흙처럼 연출되게끔 하기 위해 커피 분말까지 버리지 않고 실험했습니다." 화가로서 재료를 탐구할뿐 아니라, 합성의 과정까지 마다하지 않았던 그는 결국 석고를 통해 캔버스에 대지를 만들고, 그 위에 흙빛의 커피를 바르고 말리고 점 찍고 흘리기를 수백 번 반복하며 생명을 품은 땅의 노래 '동다송'을 완성했다.

땅 위에 마음대로 그림을 그리고 싶은 화가

백순실 씨가 커피로 그리는 '동다송'은 어쩌면 바탕 그 자체가 그림의 주인공인지 모른다. 땅의 거친 질감을 표현하기 위해 물감과 화산석을 섞거나 석고로 미세한 질감을 만들고, 커피를 추출해 물로 몇 번씩 얼룩을 낸 화면은 반복과 기다림을 극복해야 하는 과정. 그리고 이러한 과정이 끝난 후 표면을 자세히 들여다보면 거기에는 세상만사가 담긴 땅, 대지가 펼쳐져 있다. 하지만 이는 생명을 잉태하기 위한 준비 과정일 뿐, 화가는 어릴 적 흙 위에 나뭇가지로 그림을 그리듯 붓을 들고 떠오른 심상을 남기며 그 깊이 있는 바탕에 방점을 찍어 작품의 탄생을 알린다.

"신기한 것은 이토록 오랫동안 그림을 그리면서 지향하는 것이 어릴 적 뒷동산에서 아무 생각 없이 그림을 그리던 때예요. 이걸 회귀 본능이라 해야 할까요. 그때는 나뭇가지 하나만으로 그릴 게 얼마나 많았던지. 무의식이 최고의 예술이라는 것을 알고 난 후 돌이켜보니, 어릴 적 그때 그린 그림이 어떤 것이었을까 무척 궁금해요."

비록 어릴 적 그 그림은 바람결에 날아갔지만, 원숙한 화가로서 백순실 씨는 반복되는 일상, 커피를 마시는 행위에서 철학적 의미를 찾고 대지의 생명력을 밀도 있게 그려낼 만큼 무의식의 접점을 찾아가고 있다. 어쩌면 그의 작품은 이미 어릴적 그렸던 것일지도 모를 일이다.

1층은 직원들 사무실로 사용한다. 팀장들에게는 각각 방을 나눠 주어 사생활을 존중하고자 했다.

그래픽 디자이너 조현

타
이
포
그
래
피
로 이어가는

세
상
과
의 소
통

그래픽 디자이너 조현은 예일대학교에서 그래픽 디자인으로 석사학위를 수여했다. 그래픽 디자이너 최성민과 함께 만든 서체 FF 트로닉(FF Tronic)을 통해 독일 FSI(Font Shop International) 등록디자이너로 활동하고 있으며, 2003년 자신의 스튜디오 S/O 프로젝트를 설립해 운영하고 있다. S/O 프로젝트를 통해 일상과 사물에 대한 관점을 타이포그래피적으로 접합시키고 표현하는 작업을 꾸준히 시도하고 있다. 시각 디자인 그룹 진달래 회원이며 현재 서울대 대학원과 경원대에서 강의한다. 펜디 10+ 프로젝트 아티스트에 참여했으며 한국의 북디자이너 19인에 선정되기도 했다.

그래픽 디자이너 조현 씨. 예일대학교에서 석사 과정으로 그래픽 디자인을 전공하고 경원대학교에서 시각디자인 석사과정을 마쳤다. 2003년부터 S/O 프로젝트를 운영하고 있다.

S/O 프로젝트의 조현 대표에게 여유 시간을 찾는 일은 쉽지 않다. 아침 9시부터 자정까지 매일 계속되는 바쁜 일정에도 그는 자신만의 은신처를 찾았으니, 바로 사무실이다. 일하는 사무실이 어찌 휴식 공간이 된단 말인가. "세컨드 홈이라는 말이 있잖아요. 집보다 더 많은 시간을 머무는 공간이 바로 사무실이니 오피스에 대한 인식도 달라져야 합니다."

1 서가와 사진 작업실 사이의 슬라이딩 도어는 거대한 보드 역할도 한다. 2 재단설치 작업을 위한 공간. '진달래'라는 그래픽 디자이너 모임에 속해 있는 조현 대표는 10여 명의 그래픽 디자이너와 함께 다큐멘트 스케치집 〈진달래 스케치〉를 만든다. 3 미송합판으로 촘촘히 짜넣은 서가는 좁은 공간에 효과적이다. 그동안 작업한 출판물이 모여 있는 그만의 작은 전시장.

그는 한남동 골목길에 자리 잡은 다세대 주택을 개조해 1층은 직원들의 사무 공간으로, 2층은 자신의 개인 사무실로 사용한다. 지하 층에는 대학 후배이자 일러스트레이터인 이철민 씨의 작업실이 있다. 처음에는 평범한 주택가 골목이라 망설였는데 옥상에 올라가니 전망이 좋아 바로 계약했다는 그는 눈짐작으로 '이렇게 고치면 좋겠다' 계획하고 직접 레노베이션을 진행했다. 평범한 다가구 주택의 마감에 변화를 주기 위해 철제 소재인 징크와 벽돌, 에폭시 등을 활용. 스무 평 남짓한 사무실은 마감재와 구조를 최대한 덜어내고, 슬라이딩 도어를 활용해 한결 넓어 보이는 공간을 완성했다. 옥상 층에는 직원들이 아예 작정하고 놀 수 있는 '플레이룸'과 작은 정원을 마련할 예정. 리프레시하는 방법으로 직원들의 자리도 바꿔주고 싶단다. "제가 앉는 자리에서는 창밖이 보이지만 안 보이는 자리도 있으니까요. 같은 공간에 있지만 그 감동을 느끼지 못하는 거예요. 그래서 자리를 순환 배치하기로 했어요."

글자로 먹고 사는 그래픽 디자이너지만, 그를 매료하는 것은 '물성' 자체였다. 그래서 공간에도, 가구 디자인에도 관심이 많다. 언젠가 가구 디자인에 도전해보고 싶단다. 종이 접듯이 만든 가구, 폰트를 형상화한 가구…. 과연 그래픽 디자이너가 해석하는 가구는 어떤 형태일까?

1 조현 대표가 직접 디자인한 사무 공간. 구들장이 있던 바닥을 들어낸 덕에 높이를 더 확보할 수 있었다고 한다. 슬라이딩 도어를 설치해 좁은 공간을 효과적으로 분리하고 넓어 보이는 효과를 얻을 수 있었다. 2 그는 서울 국제 타이포그래피 비엔날레 '타이포 잔치 2011' 전시에 참여했다. 3 2층은 조현 대표의 개인 사무실 겸 미팅 장소로 사용하고 있다.

일러스트레이터 이철민

취향이 묻어나는 아지트.
작업실은 스케치북이다

대학에서 시각디자인을 전공한 이철민은 폭넓은 영역에서 종횡무진 활약하는 일러스트레이터다. SK텔레콤의 사내보 〈인사이드〉 표지 작업을 5년째 맡아 진행하고 있으며, 단행본으로 출간되는 동화의 일러스트레이션 작업을 동시 진행하고 있다. 지금까지 25종의 단행본 작업을 통해 작품을 선보였는데, 그린 책으로는 《여우누이》《이박을 타거들랑 밥 한통만 나오거라》《배비장던》《박문수전》《베르사유궁전의 재봉사》《위기의 밥상》《명랑해전》《보물섬》 등이 있다.

일러스트레이터 이철민 씨의 작업실을 한마디로 표현하기에 적당한 말을 찾는다면 '동굴'이다. 어두컴컴한 '남자의 동굴'에는 그가 그린 회화 작품과 포스터가 곳곳에 걸려 있고 향 냄새까지 더해져 묘한 기운을 뿜어낸다. "수십 년 세월의 버팀목이 되었던 기존 마감재를 최대한 덜어내니 자연스러운 골조가 드러났죠. 한데 '그대로 사용하자' 했어요. 어차피 색을 입히는 일을 하고 있으니 이왕이면 아무것도 없는 바탕이 좋잖아요?" 털털한 주인 성격을 닮아 공간도 프리 스타일이다. 입구를 시커먼 소파가 턱 하니 가로막았는가 하면, 뒤로 기운 벽에는 그대로 선반을 달아 책장으로 활용하고, 마감재는 제각각이다. 거기에 여성 감성의 샹들리에 조명과 빈티지 가구까지, 어머니와 외할머니가 쓰던 물건이 어우러져 있다. 재미있는 점은 언뜻 무질서해 보이는 이 공간에도 나름대로 질서가 존재한다는 사실이다.

일러스트레이터 이철민 씨. 그의 작업실은 계단식 건물로 앞에서 보면 지하이고 뒤편에서 보면 1층이다.

조명 아래 있어 하나의 설치 작품을 연상케하는 탄산수 병. 덱 한켠에는 빈 병을 모으는 중이다. 빈 병을 잘라 컵으로 리폼할 계획이라고.

시조의 운율을 맞추듯 그림 작업에 필요한 물감과 탄산수 병이 줄을 맞춰 서 있고 세계 각국에서 사 모은 향이 서랍 안에 가지런히 들어 있다. 그리고 하나둘씩 모은 자동차 모형도 딱 맞는 상자 안에 일렬 주차. 빼곡한 컬렉션처럼 그의 일상 역시 촘촘하다. 프로젝트가 동시에 진행되는 경우가 많으니 몇 달씩 마감이 이어질 때도 많다. 먼 곳에서 원정 경기를 올 정도로 한남동의 명소가 된 게임방(?)은 작업실에서 많은 시간을 보내는 남자들만의 스트레스 해소 공간이다. 이철민 씨는 치밀한 계획으로 이 공간을 꾸민 것은 아니다. 어떤 방 벽에는 하얀 네모 블록이 칠해져 있다. 갑자기 영감이 떠오르면 무언가를 그려넣기 위해 비워둔 곳이란다. "좋은 작업은 스스로 만들어지죠. 이 작업실도 그렇게 이뤄졌어요."

이철민 씨가 표지 일러스트 작업을 맡고 있는 SK텔레콤 사내보 〈인사이드〉.

1 일요일 오후에는 아들과 함께 사무실에서 게임을 즐기곤 한다. 자상한 아빠이기도 한 그는 동화책 작업을 준비 중이다. 2 화가이신 어머니께 물려받은 화구통을 수납함으로 사용한다. 3 참을 인忍이라고 적혀 있는 야구 방망이. 스트레스 해소용으로 제격이다. 4 책상 아래 놓인 스트라이프 슈즈에서 그의 자유분방한 감성이 느껴진다.

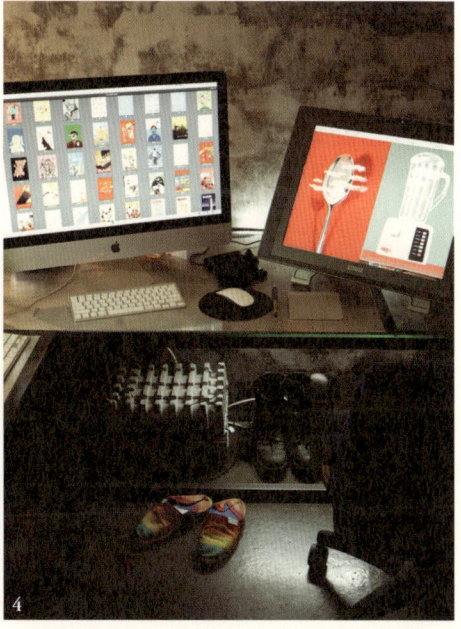

50년 동안 전통 꽃 장식을 연구해온 황수로 선생은 우리 꽃 채화를 제대로 알리기 위해 '한국궁중채화연구소'를 열고 15명의 제자와 함께 궁중채화를 복원하고 있다.

궁중채화 장인 황수로

화려하게, 내밀하게 꽃으로 피어나는 비단 장식

채화는 모시나 비단 등으로 만든 전통 꽃으로, 궁중의례에 사용했던 최고급 장식품이다. 50년 동안 전통 꽃 장식을 연구해온 황수로 선생. 그는 맥이 끊어진 조선왕조 궁중채화를 전수하기 위해 사비를 털어 '궁중채화연구소'까지 설립해 그 연구와 복원에 몰두하고 있다. 이와 함께 단절된 전통문화를 계승하고 문화적 경각심을 일깨우기 위해 수많은 전시회를 개최했으며, 그동안 연구하고 수집한 자료를 총정리하고 집대성해 《아름다운 한국 채화》라는 두 권의 책을 펴냈다. 그의 노력에 말미암아 궁중채화가 최근 중요무형문화재 제124호로 신규 지정되었으며, 동시에 황수로 선생은 궁중채화 기능보유자로 지정되기도 했다. 한국궁중채화연구소를 이끄는 한편 동국대 문화예술대학원 석좌교수로 재직하고 있다.

UN 본부를 뜨겁게 달구었던 화준花樽. 복숭아 나무를 꽃대로 사용한 것으로 높이가 3m에 이른다

서양인들 마음에 피어난 '동양의 미학'

2007년, 빛깔 고운 한복을 차려입은 황수로 선생이 UN 본부 중앙홀에 섰다. 키가 큰 백인들 사이에서도 그는 눈에 쉽게 들어왔다. 반짝이는 쪽진 머리, 강렬한 눈빛… 거대한 꽃나무 옆에 선 그의 자그마한 체구에서 숙연함이 느껴졌다.

UN 본부의 대단한 찬사 속에서 그가 선보인 것은 궁중 꽃 장식 '채화綵花'다. 현대인에게 다소 생소한 채화는 비단으로 만든 가짜꽃을 뜻하는데 생화를 꺾어 장식하는 것을 금하던 궁중에서 행한 장식법 중 하나다. 마치 살아 있는 꽃나무 같은 이 꽃 장식 옆에서 사진을 찍기 위해 사람들이 몰려들었고, 그곳은 한동안 UN 본부의 명소로 사랑받았다. 서양인들 마음에 '동양의 미학'이라는 진한 여운을 남긴 작품은 궁중채화 중 '화준花樽'을 재현한 것이다. '화준'은 꽃나무를 큰 화병에 옮긴 것으로 조선시대 나라의 잔치가 열릴 때 임금의 자리 좌우에 두던 장식이다. 용무늬가 그려진 대형 화병에 쌀을 채운 후 3m가 넘는 크기의 복숭아 나무를 고정하고 나뭇가지마다 비단으로 만든 꽃을 붙여 완성한 것. 여기에 꽃과 봉오리는 무려 2천여 송이가 소요된다.

1 어린 시절에 이른 새벽 홍화꽃을 따던 기억, 홍화떡을 만들어 두었다가 물들인 옷을 명절에 입었던 기억이 난다는 그는 1년 동안 말린 홍화꽃으로 홍화떡을 만들어 10가지 붉은색을 낸다. 2 그의 집 마당에는 대나무, 석류, 연꽃 등 세월을 품은 나무가 운치를 더한다.

전통, 호랑이 수염같이 꿋꿋하게

채화는 지난 2005년 부산에서 열린 APEC 정상회담 전시 때 세계인의 주목을 받았다. 특히 외국인들이 무척 흥미로워했다. 서양에는 기계로 꽃잎을 찍어 만드는 '프레스 플라워'가 있지만, 꽃잎을 하나하나 손으로 오린 뒤 인두질을 해 입체적으로 만든 이러한 꽃은 없다는 설명이다. 세계적으로 유일무이한 채화. 명맥이 끊어질 뻔한 화려하고 내밀한 궁중 꽃 문화를 전수하고 있는 이는 궁중채화연구소 황수로 선생이다. 그에게 채화 연구는 내가 세상 어디쯤 존재하는지 알려주는 좌표와 같다.

"외할아버지가 고종 때 궁내부 주사를 지내셨는데 꽃 장식에 관심이 많으셨어요. 침방에 할머니, 어머니, 이모들이 모여 베를 짜곤했는데 남은 베조각으로 꽃을 만들던 기억이 납니다. 외할아버지는 그것이 '귀한' 꽃이라고 일러주셨죠. 어린 시절에는 남은 천으로 꽃을 만들며 놀았고, 제 살림을 시작하면서 매일매일 생화로 집을 꾸몄어요." 그러다 1960년, 도쿄대 교수였던 남편을 따라 일본으로 유학을 떠나고 그에게 '생활'이던 꽃은 '운명'이 된다. "일본 여성들 모임에서 꽃꽂이와 다도를 하는데, 그게 일본만의 전통문화라고 하더군요. '아니다, 우리도 꽃을 장식했다'라고 반박하자 그들은 곧이듣지 않는 거예요. 보고 자란 것이 분명한데, 억울했지요."

이후 역사적 고증이 필요하다는 생각에서 그는 꽃을 연구하기 시작했다. 이화여자대학교에서 교육학을 전공한 그가 역사로 전공을 바꿔 학위를 딴 것은 이 때문이다. 그저 놀이로 꽃을 만들던 소녀는 어깨 너머로 배웠던 기억을 더듬으며 꽃 장식을 만드는 화장花匠이 된다. 사비를 털어 경남 양산에 한국궁중채화연구소를 세우고, 채화 연구와 복원에 힘써온 지 50년, 반세기다. 그간 복원된 화준을 비롯한 채화는 수천 점에 달한다. 그리고 지난해에는 20년의 준비 기간을 거쳐 집필한 《아름다운 한국채화》를 출간했다. 국어사전에도 표기되어 있지 않은 '채화'의 역사, 그리고 그동안 그림

석부작, 항아리, 음반까지 컬렉터적 성향이 드러나는 세컨드 하우스.

으로밖에 볼 수 없었던 채화의 제작 기법을 모두 담았다. 드디어 후손들에게도 채화를 알릴 수 있는 길이 열린 것.

"채화를 이야기하면 갸우뚱하죠. '수채화'냐 묻는 사람도 있어요. 그만큼 채화에 대해 모르는 사람이 많고, 대중적으로 알려진 것이 없지요. 장식과 함께 기원의 의미를 담았던 채화는 연회 후 불태우는 것이 관행이었기 때문에 모르는 사람이 많습니다."

앞서 말했듯 조선시대 궁중에서는 생화를 꺾어서 장식하는 것을 법으로 금했다. 바로 생명 존엄 사상 때문이었다. 종이로 만든 지화는 물론이요, 떡으로 꽃을 만드는 병화, 꿀을 빼고 남은 찌꺼기로 꽃을 만드는 밀납화, 비단으로 꽃을 만드는 채화까지 살아 있는 꽃을 함부로 꺾을 수 없자 가화假花는 그 어느 시대보다 더 장중하고 화려해진다. 궁궐 앞마당에는 그대로 보고 따라 만들 수 있는 꽃이 지천이었다. 꽃잎처럼 윤기가 흐르는 명주가 가득했고, 천연 염색도 발달했다. 화려함의 극치일 수밖에 없었다. 그리고 계절과 의례에 따라 기법과 소재가 점점 다양해졌다. 여름에는 시원하고 가벼운 한지 등을 홍화, 봉선화, 쪽으로 물들였고, 가을이면 금실 은실을 엮어 짠 비단에 자초, 연지, 치자 등을 물들여 꽃을 만들었다.

"채화할 때 가장 중요한 작업은 염색입니다. 염색이 잘못되면 꽃이 빛깔을 내지 못하니까요." 황수로 선생은 양산 작업실 텃밭에서 홍화를 직접 재배한다. 천장에 거꾸로 매달아 말린 꽃잎으로 홍색 염료를 만들어 명주에 물들인다. 염색할 때는 꼭 계곡에서 내려오는 지하수를 사용하는데 석회질이 많기 때문이다. 석회질은 천연 매염제 역할을 한다.

홍화 및 쪽과 같은 천연 염료로 비단을 염색한 후 각 꽃과 잎의 모양에 맞게 재단한다. 재단한 꽃잎에 인두로 잎맥과 주름을 만든 후 보존성을 높이기 위해 밀랍 처리를 한다. 밀랍 처리한 꽃잎은 물에 닿아도 잘 처지지 않으며 색이 빨리 바래지 않게 도와준다(천연 염색한 것이라 햇볕에도 쉽게 색이 바랜다). 이 과정이 끝난 꽃

1 황수로 선생의 온천장 집. 전통과 현대, 한식과 양식이 묘하게 조화를 이룬다. **2** 비단 등으로 만든 전통 꽃인 채화는 궁중 의례에 사용했던 최고급 장식품이요, 고품격 한국 문화의 정수로 평가 받는다.

잎을 실로 묶거나 풀로 고정하면 꽃이 핀 모양이 된다. 노루털 혹은 모시 가닥으로 수술을 달고, 동그랗게 솜을 뭉쳐 봉오리를 만든다. 이렇게 만들어진 채화 수천 송이를 이용해 화준花樽, 상화床花, 지당판池塘板 등 행사에 맞게 음식, 모자 등을 장식하는 것.

화준은 나라의 경사스러운 잔치인 국연 때 임금이 앉는 어좌의 왼쪽과 오른쪽에 놓이는 꽃 장식이다. 꽃 사이에는 온갖 예쁜 새들과 나비, 학, 공작, 봉황 장식 등으로 치장한다. 상화는 왕의 진찬상 위에 놓이는 음식을 장식하는 꽃. 지당판은 가상의 연못을 꾸며놓은 것으로 춤과 노래를 하기 위한 꽃 무대다. 왕 옆에 새와 나비가 날아든 나무를 세우고, 가상의 연못까지 만드니 얼마나 크고 아름다운 무대인가. 이 모든 작업이 100% 수공예로 이뤄진다니, 명장 앞에서 한없이 작아질 뿐이다.

화장의 일생

"자연에 펼쳐진 꽃을 채화에 담으려면 시간이 턱없이 부족해요. 꽃 잎이 핀 정도도 다 다르게 만들어야 하거든요. 그러니 어찌 쉴 수 있겠어요." 채화를 만들 때 가장 중요한 것은 실제 꽃 모양을 세심히 관찰하는 것이다. 흐드러지게 피었을 때는 물론 꽃망울부터 지는 꽃까지 깊게 들여다보아야 한다. 이맘때 짓는 꽃은 연꽃, 하지만 완성된 채화를 볼 수 있는 것은 빨라야 이듬해 봄이다. 연꽃은 꽃잎 하나를 만들기 위해 1년의 시간이 필요하다. 결을 만들기 위해서다. 인두질을 한 명주천을 댓살에 감아 비단 실로 총총 묶어둔 후 6개월에서 1년간 두었다 풀면 천연 주름이 잡혀있다. 실을 떼어내고 입김을 불어 꽃잎을 한 장 한 장 둥글게 말면 연꽃이 완성된다. 연꽃에 대해 설명하면서도 그의 손은 잠시도 쉴 틈이 없다. 입김으로 기운을 불어넣을 때 엄숙한 표정, 잠깐이지만 고뇌가 느껴진다.

"대학원에 꽃예술학과가 있었는데 학생이 점점 줄어드는 거예요. 결국 불교미술과와 합과 되었지요. 스님들은 꽃에 굉장히 관

1 석부작으로 꾸민 베란다 공간이 인상적인 해운대의 세컨드 하우스. 서울 통의동 보안여관, 부산 일맥문화재단을 오가는 직원들과 다도회를 여는 공간이기도 하다. 2 채화에 필요한 도구들은 집안 대대로 물려받은 것. 3 황수로 선생은 지난 20년 동안 고서를 보며 채화 복원에 힘썼다.

심이 많아요. 몇몇 스님은 아주 어릴 때 큰스님이 가화 만드는 것을 본 적이 있다고 하고요. 하지만 젊은 학생들은 영 관심을 가지려 하지 않아요."

힘들게 명맥을 이어온 채화가 그를 끝으로 또 끊어질 것 같아 걱정이라고 말하는 황수로 선생. 동국대학교 석좌 교수인 그는 잠시 강의를 쉬고 있다. 억지로 학과를 이어오는 것은 의미가 없다고 생각하기 때문이다. 공부는 그처럼 관심이 생기면 하게 마련이고, 그보다 먼저 생활 속의 미감으로 받아들여야 한다는 것이다.

"몇 년 전 영국 엘리자베스 여왕이 하회마을을 방문했잖아요. 떡을 염색해 만든 병화를 보고 무척 감동했어요. 얼마 전 일본 나오시마에 다녀왔는데, 떡으로 꽃을 만들어 펜던트 조명등에 달아두었더군요. 저도 신년이면 제가 운영하는 골프장에 떡꽃을 만들어 새해 소망을 써보는 이벤트를 해요." 부산에서 꽤 큰 골프장을 운영하는 그는 기업 경영은 문화 예술과 접목해야 한다고 말한다.

오는 이가 3락三樂을 즐길 수 있도록 골프장 곳곳에 꽃밭을 가꾸고 건물에 꽃꽂이 설치 작업을 하고 있다. 남자 손님이 많아 관심두지 않을 거라 생각했는데, 바빠서 꽃꽂이를 빼먹은 날은 아쉬워하며 묻는 이가 많단다. 남편도 마찬가지였다. 꽃에 미쳐 있는 아내가 이해가 되지 않는다면서도 집에 꽃꽂이가 없으면 서운해 하더라는 것. 순수한 예술로 남는 것보다 생활 속이나 대중이 함께 즐기는 문화로 자리 잡아야 한다고 말하는 황수로 선생. 너무 화려한 문화이기 때문에 현대인의 생활에 접목하기 어렵지 않느냐는 질문에 명쾌한 답을 준다. "가화에는 궁중채화만 있는 게 아니에요. '한지'로 꽃을 만들면 참 우아합니다. 정성껏 꽃잎을 지어 브로치로, 테이블 장식으로 활용하면 좋지요."

꽃을 넘어 생활 예술로

황수로 선생이 재현한 채화 '화준'은 조상들이 모시던 신줏단지에서 유래한 것으로 복숭아 나무를 꽃대로 사용한다. 자연에서 시작해 아름다운 꽃으로 변하다 어느새 장엄한 설치 작품이 되는 것. 서울에서는 국립고궁박물관에서 만날 수 있다.

"2005년 APEC 정상회담 때 우리나라 최고의 문화를 보여줘야 하는데, 그게 뭘까 생각해보니 궁궐 문화더라고요. 부산은 역사가 길지 않아 궁궐이 없죠. 그래서 생각한 것이 바닷가에 누리마루를 짓고 우리 궁궐 꽃을 설치하는 것이었어요." 황수로 선생은 꽃을 장식하는 데 그치지 않고 박물관 전체를 궁으로 꾸몄다. 덕수궁 영상을 배경으로 만들고 온통 채화 장식을 한 것. 당시 우리나라를 찾았던 미국 부시 대통령과 노라 부시 여사는 이를 보고 탄성을 질렀다. 기쁘면서도 한편으로는 아쉬움이 남았다. 우리 국민들이 먼저 알아봐주었으면 하는 아쉬움 때문이었다.

다행히 국악계는 지당판 채화의 재현을 반기고 있다. 전통 국악연희 연구에 도움이 되기 때문이다. 궁중 연희무대로 연못을 옮겨왔다고 생각해보라. 중앙에 등을 밝히고 주위로 연꽃이 올라가면 그야말로 신비로운 연꽃의 파노라마다.

"사실 전통 채화를 현대화하는 작품을 만들고 싶어요. 작품 발표를 몇 번 했는데, 설치미술 작업을 하면 인간문화재가 될 수 없다고 하더군요. 전통문화 예술가가 아닌, 설치미술가로 분류된다고요." 꼭 '문화재'가 되고 싶은 욕심은 없다. 단, 전통이라는 것은 역사 속에 그대로 남아 있으면 안 되고, 생활 속에 재창조되어야 한다는 점을 강조하고 싶다. 그것이 명인이 가져야 할 사명인데 간혹 전통의 재현에만 멈춰 있는 것을 보면 안타깝다.

1 '한국궁중채화연구소' 내부 모습. 2 차에 꽃잎을 띄운 섬세한 감각이 돋보인다.

채화의 가장 높은 경지, 연꽃을 만드는 과정.

그는 평소 좋아하는 대나무 설치 작업과 채화를 접목하려고 한다. 실생활에 채화를 접목할 수 있는 다양한 방법을 연구 중이다. 또한 대중이 채화에 쉽게 접근할 수 있도록 무료 강습, 백화점 강좌 및 화장 양성을 위한 교육 방안을 마련하기 위해 노력하고 있다.

사실 그를 만나기 전까지는 가화 역시 사람의 이기심에서 비롯된 산물이라 여겼다. 가짜 꽃이라도 가둬두고 보겠다는 욕심 아닌가 하는. 하지만 1년을 기다려 꽃잎 하나하나 숨결을 불어 넣는 모습을 보자니, 그 또한 자연에 대한 그리움이자 경외심이라는 것을 깨달았다.

장인을 만나면 언제나 손을 관찰하게 된다. 수십 년의 인생이 깊이 주름진 손에 담겨 있기 때문이다. 꽃 한 송이에 우주를 담는 명인의 손은 어떠한가. 비단을 재단하고 다듬이로 두드리고 인두로 일일이 지져 꽃잎을 만드는 그의 손은 예상대로 성한 날이 없어 보인다. "사람 손으로 만들다 보니 꽃의 표정이 하나 하나 다 다릅니다. 그건 바로 꽃의 생명력입니다. 매일 그 생명을 만나는 것이 채화의 매력이지요."

미니멀한 테이블과 선반으로 꾸민 코너 공간. 패브릭 작가 이선영 씨의 딸 유진 씨의 작품이 가구와 잘 어우러진다(옛 암사동 작업실 모습).

가구 디자이너 유정민

담백하면서 모던하게, 나무의 온기를 지닌 디자인

대학에서 산업디자인을 전공한 가구 디자이너 유정민은 나무가 주는 편안한 물성에 호감을 느껴 가구 디자인으로 전향했다. 스튜디오 오픈 전 타 공방에서 근무하며 마케팅 감각을 익히는 한편 가람 가구 학교, 우드 스튜디오 등을 거치며 본격적으로 목공을 배웠고, 그렇게 내실을 다져 자신의 브랜드 '밀로드'를 론칭했다. 밀로드에서 생산하는 가구는 어느 것 하나 빠짐없이 유정민의 손길이 닿아 있다. 단순하고 군더더기 없는 디자인을 선보이는 그는 설계하고 만드는 과정 모두를 수작업으로 마무리한다. 아날로그적인 생산 방식을 고집하는 젊은 디자이너의 가구는 담백하면서도 심플하고 모던하다. 북미산 하드우드를 사용해 단단하고 결과 색감이 아름다우며, 소탈한 느낌을 주면서 편안하고 실용적이라는 매력을 지니고 있다.

소박한 목수의 따뜻한 공간

언제나 진중한 자세로 나무 작업을 하는 가구 디자이너 유정민 씨가 작업실을 옮겼다는 소식을 전해왔다. 새로 문을 연 밀로드 쇼룸 겸 작업실에서는 그의 완성 작품을 마음껏 볼 수 있다. 그뿐이랴, 바로 옆 작업장에서 나무를 재단하고 자르고, 천연 오일로 마감하는 것까지 전 과정이 오더메이드, 수제 작업으로 이루어지니 무엇보다 믿음이 간다. 그가 만든 가구에선 나무의 온기는 존재하되 투박하고 거친 면은 찾아볼 수 없다. 똑 떨어지는 심플한 라인, 섬세한 디테일은 단단하면서도 강인하게 느껴진다. 그러면서도 언뜻 한국적 아름다움이 느껴지고 방음판이나 앰프를 모티프로 디자인하는 등 그만의 재미있는 상상력이 세련된 방식으로 담겨 있다. 그가 디자인만 하지 않고 이렇게 공방에서 목수 일을 병행하는 이유는 간단하다.

"디자인을 열심히 하지만 과연 상품화가 될 수 있을지 없을지 모르는 일이거든요. 제가 알아야 주장할 수 있잖아요. 반대로 직접 만들어봐야 그 가구의 문제점을 짚어낼 수 있고요." 목수는 쓰임에 조응하는 사람이다. 나무라는 재료를 다루어 쓸모를 만들어내는 역할을 한다. 가구를 만드는 일은 사람이 직접 사용해야 한다는 점에서 그 제작 과정이 더욱 녹록지 않다. 모든 작품은 만들고 사용해보고, 그 과정을 반복해야 한다. 사용자, 즉 사람이 우선이어야 하기 때문이다. 그래서일까, 목수의 작업실은 기계적인 도구들로 가득 찼지만 유난히 따뜻한 기운이 돈다. 소박한 목수, 유정민 씨의 공간도 그러했다.

담백하게 꾸민 쇼룸. 현란하지 않은 디자인인데도 눈을 뗄 수 없게 만드는 힘이 바로 밀로드 스타일이다(옛 암사동 작업실 모습).

방배동으로 이전하기 전, 디자이너 유정민 씨의 암사동 작업실. 창고를 개조한 작업실은 직접 나무를 재단하는 '공장'과 사무실, 쇼룸으로 구성되었다.

저는 나무를 짓는 목수입니다

아파트에서 생활하는 현대인은 집 안 분위기를 따스하게 바꿔주는 나무 가구를 선호한다. 더욱이 질 좋은 원목을 사용하고 실용적인 디자인도 신경 쓴, 합리적인 가격의 원목 가구라면 더할 나위 없을 듯. 이 조건에 부합하는 '웰메이드' 원목 가구를 선보이는 가구 디자이너 유정민 씨는 스스로를 가구 디자이너가 아닌 밀로드Millord의 대표라 소개한다.

"명함에 디자이너로 쓸까, 작가로 쓸까 고민도 했어요. 사실 직원 한 명과 저, 고작 두 명뿐인 회사지만 10년 후에는 누구나 갖고 싶어 하는 가구 브랜드로 키우겠다는 바람이 담겨 있지요."

유정민 씨는 대학에서 산업디자인을 전공했다. 버튼만 누르면 모든 것이 만능인 디자인을 최고로 치는 제품 디자인에 별다른 매력을 느끼지 못한 그는 막연히 '나무'가 주는 편안한 물성에 대한 호감 때문에 가구 디자인으로 전향했다. 친구들이 모두 제품 디자이너로 입사할 때 그는 작은 공방에서 목공을 배웠다. 그러다 한 일본 가구 디자이너의 홈페이지에서 '칼 펠라 가든'이라는 가구 학교에 관한 글을 읽었다. "칼 펠라 가든은 스웨덴의 칼 발름 스탠이라는 굉장히 유명한 가구 디자이너가 세운 학교지요. 그곳에서 공부한 학생들이 졸업 전시를 하면 전 세계에서 이 작품을 사기 위해 몰려든다고 합니다. 졸업생은 마지막 순간에 자신이 만든 가구를 팔면서 가격부터 홍보 방향까지 스스로 결정하는데, 소비자와 소통하는 과정 또한 중요하다는 것을 강조하는 거죠." 그는 가구를 만드는 기술, 디자인에만 집중하는 것이 아닌, 궁극적으로는 소비자가 원하는 가구를 만들 수 있도록 마케팅 능력까지 키워주는 커리큘럼에 감동을 받았다. 그리고 졸업 작품 가구를 제작해준 인연으로 타 공방에서 3년간 근무하며 마케팅 감각을 익혔다. 또 가람 가구 학교, 우드 스튜디오를 거치며 본격적으로 목공을 배웠다. 그렇게 내실을 다진 다음 2010년 초 집성목 대신 질 좋은 원목을 소재로 모

1 스토리가 있는 가구, 쓰면 쓸수록 친구같이 정이 가는 가구를 만들고 싶다는 가구 디자이너 유정민 씨. 2 쇼룸과 작업장이 슬라이딩 도어 하나로 나뉘어 있다는 게 믿어지지 않을 만큼 조용하다. 건물 전체에 방음 설계가 잘되어 있고 천장고가 높기 때문이란다.

던하면서도 심플한 디자인 가구를 선보이겠다는 일념으로 밀로드라는 가구 브랜드를 론칭했다.

"지금 생각해보면 프로덕트 디자인을 배운 것이 밑거름이 된 것 같아요. 만약 처음부터 가구 디자인을 전공했다면 어느 작가처럼 '아트퍼니처'를 꿈꿨겠지요. 하지만 산업디자인을 전공했기 때문에 편리함과 실용성을 고루 갖춘 디자인을 추구하고, 매스 프로듀스는 아니더라도 어느 정도의 양산을 염두에 두고 작업을 합니다. 따라서 손맛이 묻어나면서도 동일한 퀄리티의 제품을 만들 수 있지요."

만드는 사람과 만든 물건은 닮아 있다

밀로드에서 생산하는 가구에는 모두 그의 손길이 닿아 있다. 그는 단순하면서도 군더더기 없는 원형에 가까운 디자인을 선보인다. 의자면 의자, 테이블이면 테이블, 서랍장이면 서랍장 이렇게 직관적인 디자인을 선호한다. 그의 쇼룸에서는 오리지널 퍼니처와 오더 메이드 퍼니처를 모두 만날 수 있는데 보통은 원하는 디자인을 가지고 오는 손님이 많다.

이때는 소비자가 원하는 포인트를 찾아 밀로드만의 색깔로 각색한다. "얼마 전에 테이블을 주문한 한 고객은 소반처럼 솟은, 두꺼운 디자인의 다리를 원했어요. 오래 사용하려면 심플해야 한다고 조언했죠. 처음 디자인을 스케치해 보여드렸을 때는 너무 밋밋한 것 같아 걱정했지만, 막상 받아보곤 무척 만족하셨습니다." 만드는 과정이나 공정이 모두 수작업으로 이루어지는 것을 알기 때문에 특별히 컴플레인을 하는 경우는 없단다. 가구는 북미산 하드 우드를 사용하는데 나무가 단단하고 결과 색감이 아름다운 것이 특징이다. 찬찬히 들여다보면 무척 선이 가는데, 하드 우드는 탄성과 밀도

1 화이트 오크 수종을 사용한 가구는 선이 가늘고 곧으면서도 단단하다. 2 핀율의 45번 체어의 각도를 정확히 재현한 야심작, 1인 체어. 3 동양적인 조형미가 돋보이는 소파 테이블.

가 높기 때문에 얇게 만들어도 튼튼하다고. 테이블 상판과 다리를 연결할 때는 심재를 쓰거나 깎아서 끼워 맞추는 과정을 거친다. 마무리로 천연 식물성 오일을 5회 정도 덧칠해 완성. 우레탄 같은 화학 도료를 사용하는 것보다 나무의 자연스러운 질감은 살면서 촉감은 무척 부드러워진다.

이 모든 공정은 밀로드 자체 내에서 수작업으로 이루어진다. 기계를 쓰는 일보다는 손 쓰는 일이 많아 전기세가 채 5만 원이 나오지 않는다고 설명을 덧붙였다. 보통 디자인만 하고 공정은 목수에게 맡길 수도 있지만, 그는 디자인을 하고 그것에 맞춰 목공 기술을 습득하는 과정 자체를 즐긴다. 그래야 디자인에 따라 구현되지 못하는 기술을 개선하고, 사용할 때 편안한 기능까지 꼼꼼히 챙길 수 있다는 것. 그가 디자인한 한 의자는 등받이가 허리선밖에 오지 않는데도 실제 앉아보니 무척 착용감이 편했다. "편한 의자를 만들기 위해 큰맘 먹고 핀 율Finn Juhl의 암체어를 하나 샀지요. 등이 닿는 부분과 엉덩이가 닿는 부분, 그 미세한 각도를 알아야 편한 의자를 만들 수 있으니까요." CD 장은 오디오 앰프에서 볼 수 있는 방열판에서 모티프를 얻어 디자인했다. 바로 그가 추가하는 직관적인 디자인의 대표적 예라고 할 수 있다.

'밀로드'는 일본의 트러웍스라는 가구 브랜드를 롤모델로 삼고 있다. 일본은 밀로드처럼 직접 디자인하고 제작하는 브랜드가 많은데, 소규모 양산을 바탕에 둔 '오더 메이드'를 내세워 가구를 디자인하기 때문에 개성은 살리고 손맛 나는 가구를 만들 수 있다. 그는 일본 브랜드 트러웍스, 스탠다드 트레이드와 같은 브랜드를 한국 실정에 맞게 선보이기 위해 찬찬히 준비 중이다. "지금은 다른 맞춤 가구에 비해 왜 가격이 2~3배나 비싸냐고 묻는 소비자가 많아요. 10년 정도 지나면 소비자 역시 합판 가구, 무늬목 가구, 집성목 가구, 원목 가구가 왜 다른지 차이를 알아주지 않을까요? 천천히 한 계단씩, 10년 후를 바라보자 생각하고 있어요."

1 사이드보드가 지닌 본연의 역할과 디자인을 고스란히 담은 거실장. 2 프레임의 나뭇결이 고운 대형 거울은 요가하는 아내를 위해 제작한 것.

공간으로 스며드는 가구

"일본이나 유럽에는 개인 주택이 많아요. 주택에는 주택에 어울리는 가구가 있지요. 그래서 작은 주택이 많은 일본에는 코지한 느낌을 주는 나무와 철재가 어우러진 빈티지 스타일의 가구가 많죠. 우리나라 카페에서 흔히 볼 수 있는 스타일인데, 그런 가구는 우리나라 아파트에 매치하면 별로 효과를 보지 못합니다." 점점 마감재가 고급스러워지고, 12mm 초박형 LED TV, 오디오 시스템 등 첨단 기계 문화가 발달한 우리나라 가정에서 빈티지한 가구를 선택하는 일은 생각만큼 쉽지 않다. 따라서 나무라는 자연스러운 물성을 활용하되 디자인은 모던한 것을 추구한다는 유정민 씨. 또한 그는 가구만으로도 충분히 큰돈 들여 하는 레노베이션 효과를 낼 수 있다고 단언한다. 실제 24평 아파트에 전세로 거주하는 그는 패밀리룸, AV 룸, 침실 등을 가구를 활용해 꾸몄다. 현관과 거실, 작은 방, 부엌이 모두 연결된 구조. 부엌 옆의 작은방은 벽이 없이 확장된 스타일로 작은 소파와 TV 장을 두어 AV 룸으로 꾸몄다. 따라서 거실은 TV를 없애고 책장과 큰 테이블, 사이드보드로 패밀리 룸을 연출했다. 가족실은 미술을 전공한 후, 지금은 퍼스널 요가 트레이너로 활동 중인 아내 하밀 씨가 요가를 하고, 음악을 좋아하는 그가 암체어에 편안히 앉아 음악 감상을 하는 휴식 공간이다.

1 1mm 차이를 가지고 고심하는 목수의 손. 밀로드에서 제작하는 모든 가구에는 유정민 씨의 손길이 닿아 있다. 2 거실 책장에는 그가 좋아하는 디자인 체어 모형과 디자인 서적이 가득하다.

"작가라면 항상 또 다른 무언가를 창조해야겠죠. 하지만 저는 항상 새로운 걸 만들어내기보다는 이처럼 평소에 활용할 수 있는 체계적인 디자인을 만드는 게 좋아요. 단, 공장에서 일률적으로 찍어내는 게 아니라 내 손길이 닿아 만들어지는 손맛 나는 가구를요." 열 명 정도의 작은 회사를 꾸려, 잘 만든 가구의 가치를 알아주는 이들에게 밀로드의 가구를 선보이고 싶다는 유정민 씨. 극소수의 사람만 누릴 수 있는 아트 퍼니처를 만드는 '작가'와는 분명 다른 길이라는 설명을 덧붙인다. 퀄리티가 좋으면서 손맛과 그 가구가 나오기까지의 스토리까지 담긴 가구. 그가 만드는 것은 공간에서 혼자 돋보이는 가구가 아니라 좋은 공간을 만들어주는 '웰메이드' 가구다.

암사동에서 방배동으로 이사한 가구 디자이너 유정민의 작업실 겸 쇼룸. 문을 열고 들어서자마자 만나게 되는 곳은 작품을 한눈에 볼 수 있는 쇼룸이다. 그 오른쪽에는 나무를 고르고 켜고 가구를 만드는 작업 공간이 있다.

자신이 디자인한 가구로 꾸민 거실 풍경. 그의 가구는 실용성을 유지하면서 전체적인 비례감이나 하드웨어와의 조화 같은 심미적인 부분까지 놓치지 않은 것이 특징이다. 암체어는 오크 소재에 가죽을 더한 것으로 고급스러운 분위기를 완성해준다.

밝간 달항아리와 하얀 무명 커튼이 마치 신년 인사를 하듯 단아하게 손님을 맞이한다. 방은 한지로 정성스레 도배하고 두 달간 콩댐을 먹여 정갈하게 꾸몄다.

작가 이상일

외암리 84번지에 펼쳐지는
아티스트의 새로운 무대

작가 이상일은 시대를 주름잡은 헤어 스타일리스트로, 동물적 감각으로 꽃을 스타일링한 플로리스트로, 트렌드세터들의 사랑방인 '카페 모우'의 주인장으로, 또 화가로 변신을 거듭해왔다. 그리고 몇 년 전 충남 아산 외암리에 한옥 아틀리에를 마련하고 붓으로, 펜으로 자신의 예술 세계를 펼치고 있다. 현재 파크뷰바이헤어뉴스의 대표를 맡고 있으며 국내 내로라하는 유명 헤어디자이너들을 다수 배출했다. 그가 이끄는 헤어뉴스를 거치지 않으면 톱디자이너가 될 수 없다는 말이 있을 정도로 실력과 인재 배출에 월등한 능력을 지녔다. 이같이 눈부신 후광에도 불구하고, 이상일은 '헤어 스타일리스트'라고 세련되게 포장한 이름보다 '미용사'라는 솔직하고 당당한 이름을 더 사랑한다.

마당을 정리하고 갈퀴로 드로잉을 하는 그는 영락없는 아티스트다.

전방위 예술가, 이 시대의 트렌드세터

"여보! 내가 땅을 파고 항아리를 묻을 테니, 당신은 그 안에 차곡차곡 꾹꾹 눌러 넣어요. 아, 비닐봉지는 씌우지 말고 뚜껑만 덮어요. 항아리는 숨을 쉬어야 한대요." "넓은 배춧잎으로 덮고 굵은소금을 슬쩍 뿌려야 맛의 변질이 덜하대." "그런데 신기하지요? 설이 지나면 귀신같이 김치 맛이 변하는 게…." 태풍이 휩쓸고 간 지난 여름 막바지에 온양 시장 종묘상에서 배추 씨앗과 무 씨앗을 사다 채마밭에 뿌리고 비료 대신 아궁이에 남아 있던 재를 뿌려 뒤엎어 키운 배추와 조선무가 싹을 틔운 지 벌써 1백일이 지나갑니다. 지난 주말, 슴슴하게 소금에 절여서 약간의 고춧가루, 파, 마늘, 생강에 생새우를 넣고 버무려 담근 납작한 푸른 배추김치는 그렇게 뒤뜰에 묻었지요. 무는 듬성 듬성 썰어 넣었는데, 깜박하고 마른 고추 씨앗 넣는 걸 잊어버렸어요. 명석한 기억력을 가지고 있던 아내가 자꾸 깜박하는 걸 보면, 세월이 참…. -이상일이 보내는 겨울 편지 중

파크뷰바이헤어뉴스의 헤어 스타일리스트, 머리카락처럼 꽃을 만지는 플로리스트이자 카페 모우의 전시 큐레이터, 화가…. 누군가는 '넘치는 끼를 주체하지 못하는 트렌드세터'라 부르고, 누군가는 수많은 영역을 넘나드는 아티스트라 표현한다. 이상일. 그의 팔색조 같은 모습을 익히 알고 있다면 최근 한옥 아틀리에를 얻었다는 소식에 '또?'라는 말이 앞설 터. 카페 모우를 오픈하고, '블랙 란제리'라는 이름의 전시에 수줍게 초댓말을 적어 보낸 몇 해 전처럼 얇은 한지에 길게 써 내려간 겨울 편지는 김장 에피소드로 첫 구절을 시작한다.

"휴일이면 저희 부부는 이곳에서 흑백사진처럼 담백한 추억을 만들며 조촐하게 시간을 보냅니다." 마치 일기처럼 쓴 그 편지는 사람의 마음을 동하게 했다. 그가 보낸 시 같은 주소, '빛나는 구름이 머무는 곳, 온양 외암리 광운루'를 찾은 날. 집으로 향하는 돌담길을 함께 걷다 그가 충청도에 얽힌 재미난 농담을 하나 들려준다. "하루는 좁은 길에서 경운기가 덜덜거리며 앞을 막고 가기에 간신히 추월해 붙잡아 세웠어요. 뒤에 차들이 줄줄이 막혀 있는데 좀 비켜주지 그러느냐는 원망 섞인 말에, '그렇게 바쁘면 어제 오지 그랬슈?' 하더래요." 그날 넓은 대청마루를 한칸 한칸 걸레질하는데 힘이 들다 가도 자꾸 그 유머 속 촌부의 말이 생각나 웃음이 나오더란다. 고마워유, 아저씨! 참을성 가르쳐주셔서.

'아티스트' 이상일. 헤어 스타일리스트에서 플로리스트로, 다시 작가로 그 영역을 넘나들며 창작 활동을 펼치고 있다.

주말이면 한옥 아틀리에를 찾는 부부. 외암리의 일상을 세밀화로 그려낸다.

3막 1장, 나의 고향 나의 뿌리

충청도 사투리가 입에 척 붙는 그는 충청도 사람이다. 시간이 흐를수록 옛사람이 그리워 주말여행 삼아 내려온 충남 아산 외암리(그가 나고 자란 고향 충남 당진이 바로 이웃 동네다). 문득 어린 시절 아버지가 고향 친구 만나는 데 따라나선 일이 생각났다. 그 동네가 왠지 여기가 아닐까 하는 생각이 든 것도 운명일 터.

마침 반복되는 도시 일상에 염증을 느낀 아내는 한옥 스테이가 있으면 하룻밤 자고 가자 말했고, 이왕이면 솟을대문이 가장 높은 집이 좋지 않겠냐 해서 찾은 곳이 이득선 어르신 댁이다. 68호의 집 중 하룻밤의 연으로 머문 이득선 어르신 댁의 별채가 바로 84번지 한옥 아틀리에.

"사랑채에서 자는데, 꿈에서 할아버지를 만났어요. '잘 왔다' 하시는 거예요. 무심히 깨서 색연필로 스케치를 하다 동 틀 무렵 문을 열었더니 지금 아틀리에로 쓰고 있는 별채가 보이는데 기분이 묘하더라고요." 마당 구석의 빗자루를 집어 마당을 쓸고 있으니 언제 일어났는지 안사람이 옆에서 말없이 가랑잎을 주워 삼태기에 주섬주섬 넣고 있더란다. 그리고 새벽에 일어나 동서남북 하늘과 대화하는 어르신의 모습을 보았다. "자손 평화롭게, 동네 평화롭게"라며 이로운 말을 중얼거리는 어르신의 모습을 보니 온몸에 전율이 일었다. 다음 주, 그다음 주에도 또 내려갔다.

어르신께 좋은 기와집이 있으면 한 채 사고 싶다 말하니 마음에 맞는 떡이 있겠냐는 답이 돌아왔다. 무신경한 인스턴트식의 사고에 '아차' 싶어 근처에 기거할 곳이 있으면 알려달라 한 뒤 서울로 올라 와서 또 한 달. 마음을 비우니 기회가 찾아왔다. "이곳의 모습이 완전히 바뀌었다고 생각하면 돼요. 마루도 다 일어나서 일일이 손으로 깎고 다시 들기름을 먹이고, 방바닥에도 콩기름을 발랐어요. 저쪽 연못을 보세요. 물이라는 걸 집 안에 끌어들인다는 것은 굉장히 조심스러운 일이면서 축복이지요. 땅을 파고 큰 돌을 나르

면 아내가 돌을 쌓아 연못을 만들고 그 옆에 텃밭을 일궜지요." 남의 것을 내 것 이상으로 가꾸어 마음이 풍요로워지는 길을 선택했다는 부부. 집으로 들어서니 '역시 이상일'이라는 감탄사가 절로 나온다. 자신의 추억을, 살아가는 모습을, 예술적 영감을 한옥이라는 공간에 이렇듯 풍성하게 풀어놓았으니 말이다.

3막 2장, 생활이 곧 예술

마당으로 들어서니 테이블 위에 하얀 리넨 천이 늘어져 있다. 더울 때 빛을 차단하기 위해 대나무를 세워 설치했는데, 마치 시골 잔칫집 같아서 종종 활용하는 아이디어다. 대청마루는 앉은뱅이 고재 죽부인으로 만든 조명등, 얼마 전 마을 축제 때 구입한 짚 공예품을 고가구에 조르르 올려 장식했다. 창호지를 정갈하게 바른 문을 열고 방으로 들어서니 마치 신년 인사라도 하듯 단아한 표정으로 손님을 맞이하는 달항아리. 여기에 명주 커튼과 목화 나뭇가지 장식이 빠지면 서운하다.

대청에 앉으니 우물을 화분 삼아 트리처럼 서 있는 나무가 보인다. 자세히 살펴보니 바닥을 장식한 푸른 잎이 모두 배춧잎이다! '김장'을 모티프로 한 오브제는 크리스마스트리이자 신년을 맞이하기 위한 의식이다. 외국에서 생활하다 연말에 한국을 찾는 아이들을 위한 새해맞이 데커레이션. 다른 평범한 집과 달리 데커레이션은 항상 아빠인 그의 몫이기에 아이디어는 언제나 무궁무진하다. 탱자나무에 이 지역에서 나는 채소와 과일을 매달고, 직원들의 소망을 적은 달걀을 매달아 장식했다. "음식물과 식물을 꽃으로 승화시키니 재밌지요. 꼭 꽃이 만개해야만 아름다운 게 아니잖아요. 화기도 필요 없어요. 하다못해 요강도 화기가 될 수 있죠."

대나무를 지지대 삼아 리넨 천을 드리우니 리조트 분위기가 물씬 풍긴다.

1 아직 성견이 되지 않아 대청을 뛰어다니며 창호지 문을 구멍 낸다는 강아지 코카. 2 신주를 모시는 곳은 연꽃 스타일링으로 예를 갖췄다.

부부의 일상하고는 극과 극을 달리는 한옥을 선택한 이유가 내내 궁금했는데 비로소 의문이 풀린다. 너무 다르기에 또 다른 상상력을 자극하고, 마음껏 펼치며 본연의 나를 돌아볼 수 있는 계기가 될 터이니! 그뿐만이 아니다.

한옥은 무척 과학적인 주거 공간이다. 별과 달, 해가 모두 처마 위 네모 하늘 안에서 노닌다. "저 멀리 집에서 어르신이 평소 음성으로 '이상일 씨' 하고 부르면 마치 마이크를 대고 말한 것처럼 또렷하게 들리지요. 옛날에는 큰집과 작은집이 나란히 살았겠죠. 낮은 담벼락과 텃밭, 또 중문을 지나야 하니 그 모습은 보이지 않아 서로의 사생활은 지키되, 기척 소리는 들리는 거예요. 그러고 나면 '아, 몇 발짝이면 도착하겠다' 감이 잡히지요. 한옥은 이 모든 것을 염두에 두고 지은 거예요. 큰 소리를 낼 필요도, 인터폰 같은 기계의 힘을 빌릴 필요도 없죠. 옛 선조의 지혜는 물론 생활에 배어 있는 예의와 조심성까지 배우는 거예요."

한옥의 구조나 환경을 보면 현대건축이 아무리 발달해도 결코 따라 잡을 수 없는 고매한 정신이 담겨 있다. 그것이 바로 엄청난 카리스마다. 하지만 관에서는 보수를 핑계로 옛것을 새것으로 교체하기 바쁘다. 이 아틀리에는 대들보만큼은 지켰다고 한다. "저 연못을 팔 때 지방紙榜이 나오더라고요. 보수팀이 다 떼어서 땅에 묻은 거죠. 붓으로 살살 털어서 그대로 걸어둔 것이 작업실로 쓰는 행랑채에 걸어 장식한 저것이에요." 새벽에 일어나 커피 한 잔 들고 마당을 서성이면 집의 에너지가 고스란히 전해진다. 여명과 함께 마당을 정리하고, 그러다 상상력이 발동하면 돌을 가르는 갈퀴나 물 호스로 땅에 드로잉을 한다. 종일 사부작사부작 움직이다 해가 뉘엿뉘엿 질 무렵 미리 주워 둔 나뭇가지를 챙긴다. 처음에는 장작을 사서 쟁여두고 싶었는데 그것 또한 일종의 전시라는 생각이 들더란다.

"불편하지요. 근데 나뭇가지 주우면서 풀잎이나 가랑잎 같은 것을 보면서 스케치하거나 꽃꽂이에 활용해요. 그냥 쉬는 게 아

1 고재 나무 장식장에 원단을 커튼처럼 씌운 아이디어. 부부의 깔끔한 성격이 드러나는 대목이다. 2 오후 내내 햇볕에 말린 이불은 정갈하게 개어 정돈한다.

니라 재창조의 시간이라고 생각하면 귀찮지 않죠." "아궁이 불은 내가 지필게요" 하는 아내. 또 솥에 있는 뜨거운 물을 세숫대야에 채워주는 남편. 두툼한 명주솜 이부자리 깔고 책을 읽다 외국에서 생활하는 아이들의 신랑감, 며느릿감 이야기를 잠깐 하다가 문득 "내일 아침에는 김칫국 끓여 먹을까?" 한다. 굳이 이치를 따지거나 싫은 소리를 하지 않아도 되는 소소한 얘깃거리와 자연스러운 침묵이 이어진다. 한옥은 이 모든 것을 몸으로 느끼고, 가슴으로 체험해야 한다. "요즘 도시 사람들이 농촌을 체험하기 위해 많이 내려오지만, 방법이 문제예요. 차가 막히니까 저녁에 도착하면 고기 구워 술 진탕 먹고, 아침에는 차 막힌다고 일찍 나가요. 한옥을 제대로 즐기지 못한다는 거죠."

이웃사촌이 된 이득선 어르신이 한마디 거든다. "사람은 1백 년을 못 살아요. 오래 살아야 90년 사는 걸 급할 '급' 자를 써가며 모두 바쁘게 움직이죠. 대대손손 먹을 것까지 다 벌어두느라 욕심낼 필요가 없어요. 전기 발전으로 생활이 편리해졌다고는 하지만 해 없이 어떻게 살겠어요? 우리 선조들은 모두가 다 자연의 흐름과 같이 더불어 살았지. 꽃을 두면 벌이 오듯 사람도 마찬가지야. 자연이 하는 대로만, 흉내만 내며 살아도 성공한 인생이지."

3막 3장, 라이프 디자이너에서 철학자로

대대로 사대부 집안인 이 참판 댁 종손 이득선 씨는 그에게 영감의 원천이자 선진으로서 막중한 책임감을 갖게 한 인물이다. 선조에게 물려받은 문전옥답이라 하더라도 개발이 된다고 하면 무조건 팔고 편히 서울 생활을 택할 법도 한데, 오히려 고향으로 낙향한 인물이 바로 그다. 선친께서 돌아가신 뒤 낙향해 묘에서 3년 동안 시묘를 했다니, 그 점만 보더라도 이상일 씨가 남은 인생을 살아가며 배우고 싶은 멘토로 삼은 이유가 충분하다. "외국은 히스토리에 대한 자료가 무궁무진한데, 우리나라는 전통을 망각하는 일이 '트

렌디'라는 이름으로 잘못 포장되어 있어요. 그래서 나라도 기록을 해야 하지 않을까 싶었어요. 요즘은 주말마다 어르신을 모시고 인터뷰를 합니다. 된장, 고추장 담그는 것부터 아이들 교육 방법까지 어떤 것을 물어도 현답이 돌아옵니다."

기계문명이 발달하고, 디지털 문화가 활성화되었어도 근본은 지켜야 한다는 일념으로 외암리를 지키고 있는 이득선 씨. 외암리는 한옥 체험 마을로 우리나라 관광객은 물론 외국 학술팀이나 학생들이 많이 찾는 곳이다. 드라마 촬영지처럼 인위적으로 만든 마을이 아니라 실제 사람이 살고 있는 마을이라 더욱 흥미를 갖는다. 외국인은 기와에 대해 묻거나 돌담에 낀 이끼를 바라보며 오감으로 느끼고 감동을 받는다. 하지만 정작 우리는 모두 안다고 생각하기 때문에 충분히 느끼질 못한다. 속된 말로 이런 곳에 살면 참 좋겠다라는 말은 하지만, 막상 와서 살아보라고 하면 하루 먹고 떠들다 새벽에 차 막힌다고 올라가는 사람들, 이것이 현실이다.

"후배들을 위해서 우리가 해야 할 일이 무엇일까 생각했어요. 갤러리스트, 화가, 투자 전문가 등 각 분야에서 한몫하는 후배 몇 명을 초대해 2박 3일을 묵었어요. 여느 때처럼 새벽에 일어나서 마당을 쓸기 시작했죠. 한옥은 정리 정돈이 되어 있지 않으면 좋은 기운이 금방 사라지거든요. 늦잠도 자고 푹 쉴 줄 알았는데 새벽부터 사부작사부작 움직이는 모습을 보더니 다들 놀라더라고요. 젊은 사람들은 배추에 고춧가루만 뿌리면 김치가 되는 줄 알아요. 그 김치가 어떤 과정을 거쳐 만들어지는지에 관한 교육이 너무 부족하지요."

세월의 흔적을 품고 있는 두터운 돌담과 느티 나무. 전통과 현대의 가교 역할을 자처한 그는 매주 주말 이 참판 댁 종손 이득선 어르신과 깊은 대화를 나눈다.

1 세밀화는 무척 집중을 요하는 작업이다. 이상일 씨는 한옥에서 그 에너지를 듬뿍 받는다. 2 명확히 장르를 구분지을 수 없는 그의 작품은 외암리 일상을 소재로 한다.

고전을 먼저 알아야 현재와 미래를 디자인할 수 있는 것이다. 그러기 위해서는 우리 조상들이 떠나기 전에 누군가 다리 역할을 해야 하지 않을까. 이상일 씨는 감각 있는 자들이 먼저 '행함'으로 보여주면 후배들에게 굉장한 자극을 줄 수 있다고 믿는다. 그는 한옥 아틀리에를 젊은 아티스트들이 모여서 활동할 수 있도록 갤러리처럼 만들겠다는 바람을 가지고 있다. "김장하다 즉석에서 배춧잎으로 퍼포먼스를 하는가 하면, 아내와 뜨끈한 아랫목에 누워 도란도란 얘기도 하면서 이런 시간도 있구나 행복해하지요. '아, 너무 좋다'라 느끼면 그것 이 바로 좋은 임프레션, 에너지가 되는 것이 아닐까요?"

3막 4장, 한옥에서 펼치는 아티스트의 꿈

"몽당연필부터 새 연필까지, 키가 다 다르지요? 펜화는 1mm짜리 연필선이 다섯 번씩 지나가는 세밀화이기 때문에 집중력을 요하지요. 한옥은 공간이, 방이 작잖아요. 그래서 더 몰입할 수 있어요." 그는 이곳에서 시를 짓듯 일기를 쓰고, 일기를 쓰듯 그림을 그린다. 한옥은 정적인데 그림 속에 나오는 등장인물은 팔이 길고 마치 공중을 날아다니는 3차원 영상처럼 느껴진다.

"미술학적으로 보면 사람 팔이 비정상적으로 길다 하겠지요. 저는 전공을 하지 않았기 때문에 기법도, 소재도 더 자유로와요. 이 그림은 화장실에 갔는데 휴지가 없던 상황을 그린 거예요. 어린 시절의 그림 일기 같은 거죠. 저희 부부가 경험한 것을 마치 제3자의 시선으로 관망하고 그때 느낀 감정을 강조하는 방식입니다. 이 그림에서는 안사람이 부뚜막에 앉아 불을 지피고 있고, 그 옆에서 제가 걸레질을 하고 있죠. 저녁상을 차리고 또 서로 등도 긁어주고, 한옥에서의 이런 소소하고 바지런한 일상이 모두 소재가 됩니다."

꼭 준비한 게 있다고 해서 두 번째 찾은 날. 대문을 열고 들어서니 마치 오페라의 무대처럼 거대한 작품이 설치되어 있다. 3

1 마을을 감싸고 있는 설화산과 돌담을 그린 작품에 사슴 오브제로 연출한 오페라 무대. 2 복을 전하는 바람을 담은 새해 맞이 퍼포먼스.

배 확대해서 실사 프린팅한 열 폭짜리 작품은 외암마을에 처음 왔을 때의 느낌을 세밀화로 표현한 것. 설화산 줄기와 동네를 감싸고 있는 돌담 그리고 아래쪽에 그린 소나무, 연꽃, 느티나무는 모두 이 지역에 자생하는 식물이고, 여백은 마음으로 보는 것이라 설명한다. 호수가 될 수도, 하늘이 될 수도 있다. 카페 모우에서 설치 작업으로 종종 활용하던 사슴 오브제가 앞마당에 설치되고, 웅덩이처럼 파인 가마솥에 장작불을 피우니 마치 한 편의 오페라 무대를 보듯 웅장한 느낌이 든다.

  인생은 무대다. 3막 4장의 오페라 무대에서 3막을 맞이했다면 무엇을 먼저 해야 할까? 끝까지 자기 역할을 충실히 하고, 역할과 내가 혼연일체가 되어 연기 혼을 불태워야 할 터. "문득 농사꾼의 셋째 아들이 맘 편히 농사일하면서 살 걸 도시엔 왜 왔나 싶을 때도 있습니다. 서울에서 누릴 것 다 누렸으니 나오는 또 다른 건방진 생각인가 하곤 숙연하게 마음을 낮추기도 하고요. 한옥 아틀리에는 단순한 주말 주택이 아니에요. 나를 온전히 내려두고 비우는 절간이자, 무엇이든 채워 넣을 수 있는 원더랜드 같은 공간이죠. 풀 한 포기 보면서 울고, 웃고, 즐기고, 또 색다른 크리에이티브를 펼치는 시간. 외암리 84번지에 와서 '이상일'이 변했습니다."

갤러리 1층에 있는 서가에는 그간 탐독한 디자인 서적이 가득하다.

도예가 신상호

예술혼을 불어넣은
흙과 색의 제국

홍익대학교 미술대학과 대학원에서 도예를 전공한 신상호는 전통을 따르기보다는 끊임없이 변화를 추구한다. 흙을 이용한 전통 도예에서 출발해 점차 조각적 형태로 변신을 꾀했고, 다시 평면적으로 '구운 그림'을 시도하면서 조각과 회화 영역을 넘나들었다. 최근에는 '건축 도자'의 가능성을 깨닫고 도예와 건축이 만나는 작업에 몰두하고 있다. 1970~80년대엔 '도자기의 귀재'라는 소리를 듣던 정통 한국 도예가였으며, 지금은 '현대 도자예술의 선구자'라 불린다. 전두환 대통령이 레이건 미국대통령을 만나러 가는 길에 들고 간 선물도, 찰스 왕세자와 다이애나비의 결혼식 때 우리나라에서 보낸 선물도, 다름 아닌 그의 도자기였다. 1980년부터 홍익대학교 미술대학 교수로 재직했고, 홍익대 미술대 학장과 산업미술대학원장을 거쳤으며, 클레이아크 김해미술관의 초대 관장을 지냈다.

갤러리 공간 역시 집 밖으로 확장한 개념. 살다 보니 집에 자꾸 습기가 차서 축축해지자 이를 보완하기 위해 바깥쪽 땅을 파내고 천장을 유리로 마감했다.

가족애와 예술혼의 집결지 '부곡도방'

참으로 조용하고, 넓은 땅이다. 주소대로 찾아간 도예가 신상호 씨의 집. 여름이면 나뭇가지로 터널을 이루는 숲길을 지나 대문을 들어서면 끝없는 정원과 몇 채의 건물이 펼쳐진다. 마당 곳곳 보이는 동물 조각품, 그리고 또 멀리 보이는 집 한 채…. 무얼 먼저 보고 무얼 먼저 취재해야 하나, 마음이 무거웠다. 그것이 단순한 기우였음을 알기까지는 채 삼십 분이 걸리지 않았다. 불편한 마음으로 시작한 인터뷰는 얘기를 하면 할수록 술술 풀리는 느낌이었다. 커다란 집은 규모와 다르게 손님을 불편하게 만드는 위화감이나 위압감이 전혀 느껴지지 않았다. 정원을 둘러보고 건물 면면을 구경할수록 오히려 편안함을 느낀 건 화려한 자재와 값비싼 가구로 과시하는 형태의 집이 아니기 때문이다. 도예가 신상호·한윤숙 부부가 손수 지은 전원 속의 집, 마치 벽돌을 하나하나 쌓듯이 그 속에는 30년의 가족애와 예술혼이 오롯이 담겨 있었다.

집 이름은 '부곡도방'. 장흥면 부곡리에 있는 도방이라는 아주 단순하고 명료한 의미를 담고 있다. 하지만 그 속뜻은 깊다. "부곡리는 순 우리말로 가마골이라는 뜻이에요. 조선 시대부터 도자기를 구웠다고 하지요." 가마를 굽는 그가 그곳을 찾아간 것은 숙명이었다. 30년 전 무명이었기에 가진 게 없었다는 숙명, 불 때는 직업이었기에 사람들과 멀리 떨어져 살아야 한다는 숙명, 이곳이 북쪽과 가깝다는 숙명(당시는 반공 사상이 강한 때라 이 근방 땅값이 무척 쌌다). 부곡공방은 그 순박하고 담백한 이름과는 달리 웅장하고, 이국적인 면모를 자랑한다. 우선 대문을 들어서자마자 왼쪽으로 신상호 교수가 작품 활동을 하는 탁 트인 작업실이 있다. 드넓은 정원과 띄엄띄엄 들어서 있는 세 채의 벽돌 건물은 게스트 하우스와 안채 그리고 뮤지엄이다. "30년 전에는 우사뿐이었어요. 우사를 고쳐 작업실로 사용했지요. 그 후 작은 집을 지었는데, 하얀색으로 칠하고 빨간 기와를 올려 '언덕 위의 하얀 집'이라 불렸지요. 동명의 노

1 판재도 직접 구워 만들기 때문에 그림을 그리면 그 터치가 그대로 살아 있다. 오톨도톨하게 생기는 표면에 그림을 그려야 제맛이다. 2 30년 전 소나무를 심으며 "이 나무가 다 자라면 환갑잔치해야지"라고 농담처럼 얘기했는데 벌써 환갑이 지났다. 세월과 함께 집도 오래된 이야기를 품고 있다. 3 부부가 두 번째로 지은 집, 게스트 하우스. 외벽에 구운 그림이 작품처럼 걸려 있다.

래 알아요? 그 집은 어려운 시절을 견뎌내게 하는 원동력이었어요."
두 딸이 태어난 언덕 위의 하얀 집은 현재 남아 있지 않고 그 뒤에 살았던 초록 지붕 집은 지금의 게스트 하우스가 되었다. 현재 살고 있는 안채는 1987년 아내 한윤숙 씨가 손수 지은 집. 그는 홍익대 도예과 대학원을 졸업하고 생활자기를 만들던 재원이다. 건축을 배운 적도 없는 아내가 모눈종이 위에 평수를 계산해 직사각형, 정사각형을 그려가며 설계한 집은 눈이 가는 곳마다 호강이다. 이러한 심미적인 취향과 감각을 가진 것 또한 이 집의 숙명이리라.

클레이 아트, 지루한 예술이 아닌 재미난 일상

한국 도자 예술의 전설, 홍익대 미대 학장을 지내다 정년을 채우지 않고 홀연 은퇴, 세상과 타협할 줄 모르는 사람, 전통의 흐름을 역류하는 이단아. 그에게는 화려하면서도 괴팍한 수식어가 따라다니지만 별로 개의치 않는다. 중요한 것은 흙을 사랑하고 원초적인 자연으로 회귀를 꿈꾸는 자신의 작품에 푹 빠져 산다는 것. 정년을 채우지 못한 아쉬움? 인생에서 제일 잘한 일이 바로 학교를 퇴직한 거란다. "정년 5년을 남겨두고 아주 치밀하게 계산했어요. 내 작업을 한다는 게 그렇게 말처럼 쉽지 않아요. 최소한 자기 준비를 위해 그 정도의 시간은 가져야 하지요. 지금은 5년이 아닌 10년이라도 더 빨리 했다면 좋았겠다 싶어요." 자기 자신을 초월하지 않으면 발전이 없다, 다시 배고플까 봐 몸을 사리면 '예술혼'도 물거품처럼 사라지고 만다는 뜻이다. 다행히 예술을 향한 그의 충실한 감정은 매 시기마다 작품에 변화를 가져왔다. 작가의 상황, 내면에 따라 그야말로 드라마틱하게 변해왔다. 그의 설치 작품은 1994년 그랜드 하얏트 서울 호텔 레노베이션 때 호텔 입구와 로비 등에 전시되어 화제를 모았으며, 2000년에는 JW 메리어트 호텔과 고속버스 터미널을 연결한 센트럴 시티 2층에 '밀레니엄 타일'이라는 이름으로 높이 3m, 길이 160m의 작품을 선보였고, 클레이 아트 뮤지엄 초대

갤러리 지붕 위로 올라간 신상호 씨. 그가 가장 좋아하는 '닭' 시리즈와 함께 멋진 컷을 연출했다. 마당을 가로지르는 작품들은 하나같이 양과 말, 돼지, 닭 등 동물의 형상으로 눈앞에 서 있다. 형형색색의 컬러, 다듬지 않은 듯 러프하고 원초적인 모습이다.

관장을 지내며 건축 도자의 시대를 열기도 했다. 최근 그의 관심사는 이 '건축 도자'다. 우선 흙으로 납작한 판을 만든 뒤 고온에 구워 철처럼 단단한 자재를 만들고 그 위에 그림을 그린다. 이미 판(타일)부터 손으로 빚고 굽는 것이기 때문에 그 위에 색을 입히면 느낌이 아주 강렬해진다. 그렇게 만든 건축 도자 '구운 그림Fired Painting'은 간단히 조립해 건물 외벽에 걸 수 있다. 우리 역사 속에서 그림은 집 안에 거는 것이다. 타일에 그림을 그리고 그 자체가 액자가 되어 집 밖에 걸린다니 어리둥절하다.

여기까지가 집을 장식하는 예술품이라면, 아예 건물 외벽을 감싸는 방법도 있다. 건축 자재는 값싸면서 실용적인 것을 쓰고, 그 위에 옷을 입힌다는 웨어링의 개념. 귀한 손님이 올 때 옷을 갈아입듯이 그림을 바꿔 달아 환영할 수 있고, 집 자체가 조형물이 된다. 건축 도자는 외관뿐 아니라 문고리에도 쓸 수 있다. 원료가 흙이라 손에 닿는 감촉이 다르다. "사실 건축 도자는 우리가 전통적으로 해온 방식입니다. 토담, 벽돌, 기와 등이 모두 결국 흙집의 재료 아닙니까. 이것은 어떤 의미에서 완전한 무공해예요. 세상은 살면서 자꾸 바뀌죠. 건축에는 유행이 있지만 예술에는 유행이 없어요. 취향만 있을 뿐이죠. 기분에 따라, 계절에 따라 집이 옷을 갈아입는 이 건축 도자가 주거 환경, 건물에도 여러 가지 변화를 불러올 수 있지 않겠어요?"

장흥에 위치한 작업실. 대형 벽면 작업이 필요한 건축 도자 '구운 그림Fired Painting'을 비롯해 샤머니즘에 심취했을 때의 작품 '토템' 시리즈, 사람과 동물의 두상을 빚은 'Head' 시리즈, 아프리카에서 영감을 받은 'Dream of Africa' 등을 만날 수 있다.

컬렉션, 내 영감의 원천

그의 컬렉션을 볼 수 있는 갤러리는 마치 오래된 서가처럼, 그 냄새부터 내공이 남다르다. 2층에는 그의 작품만큼 빛이 나는, 세상에 나오지 않은 각종 수집품이 수백여 점 전시되어 있다. 10년도 넘게 심취해 있는 것은 아프리카 소품들. "아프리카는 영감이 넘쳐나는 곳입니다." 1995년과 1996년 영국에 초빙 교수로 가 있을 때 우연히 런던에서 열린 대규모 아프리카 미술전을 보고 그 작품의 원초적 생명력에 푹 빠져 전시장에서 살다시피 했다는 그는 그 후 수시로 아프리카를 여행했다. 실제 그의 집 곳곳에는 아프리카에서 수집한 각종 공예품 수백 점이 거실을 채우고 있다. 게스트 하우스 거실에는 아프리카에서 가져왔다는 토속적 느낌의 나무 의자와 테이블이 놓여 있다. 아프리카의 원초적 생명력은 그랜드 하얏트 서울 호텔에 전시되어 뜨거운 호응을 받았던 'Head' 시리즈로 확인할 수 있다. "한국에 제대로 된 아프리카 공예품이 없다는 것이 안타까워요. 팔기 위해 만든 것이지, 진짜 아프리카의 문화와 생활의 때가 묻어 있는 것은 거의 없다고 봐야죠. 팔기 위해 만드는 것과 쓰기 위해 만드는 것은 엄연한 차이가 있어요. 진짜 물건에는 모든 예술가를 감동시키는 힘이 담겨 있죠. 아내가 빚은 그릇이 특별하다고 말하는 것도 같은 이유입니다. 무얼 담는지, 양이 어떤지 다 고려해서 만든, 작품이 아닌 '생활 자기'로 접근했기 때문이지요."

여행 때마다 하나 둘씩 모은 유리그릇과 직접 만든 생활 자기.

부인 한윤숙 씨는 6년 전까지 생활 자기를 구웠다. 그 또한 수집가의 피가 흐르는데, 그 일면을 단적으로 보여주는 예가 바로 게스트 하우스 지하에 쌓여 있는 방대한 양의 그릇이다. 집을 주제로 한 작품부터 도자기와 유리를 합체한 듯한 와인 잔, 크리스마스 머그잔 등 모두 그가 만들거나 유럽을 다니며 모은 것들. 집에서 100명, 200명씩 사람을 불러 파티를 하는 일이 잦았으니 그것만 충당하려 해도 어느 정도의 양인지 가늠할 수 있다. "짐을 너무 많이 남기는 게 아닌가 싶어 아이들에게 미안해요. 애들은 엄마가 쓰던 거니 버릴 수 없죠. 그렇다고 놔두면 짐이 될 테고요. 필요한 사람들이 나눴으면 하는 마음으로 조만간 이 그릇들을 판매할 생각이에요. 어떤 방법이 있는지 찾아봐야죠." 10년 전에 만들었다는 커피잔은 아메리카노 커피를 담기 적당하도록 찻잔과 머그잔의 중간 사이즈로 디자인했다. 모두 용도에 맞게 양을 계산한 것. 유리 소재의 그릇들은 영국 골동품 시장에서 컬렉팅했다. 이 게스트 하우스는 부부가 두 번째로 지은 집인데, 집을 짓게 된 에피소드 또한 재밌다. "당시 큰아이가 아기 때니까 자주 울었는데, 우는 소리에 너무 화가 나는 거예요. 그래서 독립하겠다고 홧김에 저 집을 지었지요." 작업실과 주거 공간을 분리하는 일조차 그의 끓는 피가 한몫한 것. 게스트 하우스는 동서양의 조화가 멋스러운 공간이다. 거실에는 아프리카 가구와 대형 중국 벽화가 걸려 있고, 정면 선반에는 형형색색의 유리 오브제를 장식했다. 한식으로 꾸민 침실 옆 작은방은 아내가 그림 작업을 하는 공간으로 사용한다. 수줍은 듯 공간에 배치된 방석은 손재주 많은 그의 아내가 손바느질로 만든 것. 게스트 하우스에는 10여 년 전 '구운 그림'의 초기 작품도 걸려 있는데, 그 작품을 볼 때면 '초심'이 다져진단다.

거실 바깥쪽으로 마련한 테라스 공간.
햇볕이 주는 긍정적인 에너지를 만끽하는 공간이다.

집, 아티스트의 취향과 욕심이 한껏 묻어나는 공간

게스트 하우스 뒤쪽 마당을 가로지르면 안채가 나온다. 지난 1987년에 지은 집이다. 안채에 들어서니 새 자재로 매끈하게 개조를 마친 집에선 찾아볼 수 없는 따뜻한 기품이 느껴진다. 훌륭한 인테리어라고 하면 으레 떠올리는 고가의 가구들과 골동품 등도 찾아보기 힘들다. 이 집에서 가장 아름다운 공간은 부엌. 웬만한 집만큼 넓은 데다 베란다 너머로 햇볕이 가득 들어와 '훤칠하다'는 표현이 제격이다. 부엌에서 뒷마당으로 통하는 베란다는 익스텐션 extension 공간. 식구가 늘어나거나 집에 싫증이 났을 때, 언제든 확장할 수 있도록 마감했다. 확장한 후 통유리로 감싸 온실 테라스처럼 연출. 집에 사용한 가구는 모두 20~30년 전에 직접 디자인하고 맞춤 제작한 것들이다.

그중 주방 한쪽을 차지한 그릇장이 눈에 띈다. 진한 오크 컬러가 멋스러운데 그 비결은 바로 무광 래커다. 햇볕에 빛바래서 더욱 멋스러워졌다는 그릇장. 오동나무로 만들었느냐고 묻자 원목 같은 느낌을 주기 위해 MDF에 필름지를 붙인 거라고 말한다. 이렇게 무거운 그릇을 넣는 장은 휘기 때문에 원목으로 만들 필요가 없다며, 돈도 적게 들었다고 귀띔한다. 그릇장에는 그릇이 가득 차 있다. "내가 그릇을 전공한 사람이니까 직접 다 만들어 써요. 그릇만 만드는 게 아니고 뭐든 만들어 써요. 원시 시대라니까." 꼭 당신 손으로 만들어야만 직성이 풀리는 아내 한윤숙 씨. 주방 곳곳에는 그가 만든 커튼, 테이블 매트 등이 빛과 소금처럼 자리한다. 주방 옆 베란다, 그가 가장 좋아한다는 햇볕 아래의 테이블에는 요즘 읽는 책과 메모 노트가 차곡차곡 쌓여 있다. 외국에 가거나 TV를 보다 새로운 요리가 나오면 메모를 해두는 노트를 보여준다. 지금까지 해본 요리는 다 적어두었다고 하니, 지금 시대로 따지면 '파워 블로거'인 셈이다. "《규장총서》라고 알아요? 조선 시대 어떤 양반집 부인이 모든 생활의 지혜를 다 기록한 책이에요. 그 번역서가 있는데 내

1 이 집의 백미는 주방이다. 불문학을 전공하고, 대학원에서 도예를 배운 한윤숙 씨는 삶을 사랑하는 생활 예술가다. 2 정면에 보이는 벽난로와 빅 테이블은 모두 한윤숙 씨가 디자인하고 제작한 것.

용을 내 식으로 각색해서 된장, 간장을 담가봤어요. 그 전에는 시어른을 따라 담갔는데, 그렇게 레시피를 만드니 더 맛있더라고요. 우리는 된장을 5년 묵혀서 먹어요. 15년 묵은 간장도 있는데 아주 달고 맛있어요." 이 요리 비책은 다시 정리해서 딸들에게 물려준단다. 스무 명은 앉을 수 있는 거실의 대형 테이블과 의자도 한윤숙 씨가 디자인한 것으로 모두 나이가 스무 살이 넘는 가구들이다. 거실 옆에도 유리로 마감한 테라스 공간이 있다. 신상호 씨가 설명을 덧붙인다. "1995년부터 1997년까지 2년 동안 교환 교수로 영국에 근무했을 때 이렇게 유리로 익스텐션한 집들을 많이 봤어요. 정말 필요한 공간이라 생각했지요. 햇볕이 사람에게 주는 긍정적인 역할이 얼마나 커요? 스트레스 받거나 우울할 때, 이 공간이 해소책이 될 수 있어요."

　　이미 만든 것은 다시 만들지 않는다는 신상호 씨. 그런 생각은 작품에서뿐만 아니라 인테리어에서도 마찬가지다. 아무리 가구를 잘 갖추어놓고 산다 해도 그것이 결코 훌륭한 인테리어라고 생각하지 않는 그는 남들이 해보지 않은 것을 시도하는 편이 더 매력적이라고 이야기한다. "창문을 초록색으로 해달라는 말에 공사하는 사람들이 깜짝 놀라더라고요. 왜 그런 색깔을 쓰냐고요."

게스트 하우스 한쪽에 그림 작업실을 마련했다. 부부가 이렇게 하릴없이 마주앉아 본 것이 얼마 만인가.

이 집은 특히 색감이 예쁘다. "요즘 사람들은 너무나 스트레스가 많아요. 우리가 젊을 때 살던 시대는 모든 게 풍족하지 않았지만 요즘 젊은이들은 상당히 풍족하잖아요. 우리 때는 조금만 재능이 있으면 혼자 힘으로 성공할 수 있었어요. 나 같은 사람이 교수가 된 걸 보면 알 수 있잖아요.(웃음) 요즘은 교수 되는 게 하늘의 별 따기예요. 그러다 보니 명랑한 색감을 찾게 되지요. 컬러를 보면 사람이 즐거워지고 액티브해져요. 집안에 색감을 더하는 것도, 색이 우리에게 영향을 줄 수 있다면 그렇게 환경을 바꿔야 하기 때문이에요. 제가 도예를 시작한 시절에는 자기가 원하는 색을 도자기에 표현하는 게 굉장히 어려운 일이었어요. 무언가를 그려 넣는 것은 더욱 어려웠고요. 그런데 40년의 세월이 훌쩍 지나니 그 모든 게 가능하잖아요? 요즘에는 달 항아리에도 그림을 그리잖아요." 남들이 시도하지 않는 것을 시도하는 용기. 그것이 도예가 신상호만이 지니고 있는 매력인지도 모르겠다.

가족, 예술가와 생활인 사이 "아내는 항상 이야기합니다. 한집에서 예술가가 둘 나오는 거 아니라고요." 하지만 첫째 딸은 판화를 전공하고 둘째 딸은 예술학을 공부한다. 아이들에게 무언가를 부러 가르친 적이 없는데 부모를 닮아서 둘 다 특별한 심미안을 가진 것. 결혼 준비를 하고 있는 첫째 딸은 집 인테리어를 손수 했다. 얼마 전에 가보니 제법 잘 꾸며놓아 물었더니 "내가 보고 자란 게 있는데" 하더란다. "머릿속에 무언가를 꽉 채워 다니면 다른 것이 안 담기잖아요. 지혜는 자기 것으로 만들어야 하지만, 우리가 배운 지식은 버리는 연습도 해야 해요. 제가 외국 여행길에서 남들이 보지 못하는 보석같은 아이템을 잘 발견하는 이유가 바로 고정관념이 없기 때문이에요. 여행을 할 때도 굉장히 중요한 문제입니다. 그 나라에 가면 그 나라 관습을 따라야 하는데 자신이 가지고 있는 얕은 지식이 고정관념이 되어 예의가 없어지죠. 그건 평등이 아니거든요. 사람에게는 그레이드grade가 없지만, 문화에는 분명 그레이드

1 그랜드 하얏트 서울 호텔에서 열린 신작 전시(2010년)에서 '구운 그림 Fired Painting' 시리즈로 큰 호응을 얻은 도예가 신상호 씨. **2** 민화의 색과 문양을 옷처럼 입힌 도자 말, 'Minwha Horse'.

가 있어요." 문화에 차이는 있어도 차별은 없어야 한다고 설명을 덧붙이는 한윤숙 씨. "예전 공장 직원들에게 꽃꽂이를 하라고, 꼭 멋진 화병이 필요치 않다고 말한 적이 있어요. 앞마당에 가서 들꽃을 꺾어 찌그러진 주전자에 꽂으면 그게 바로 자연과 하나 되는 예술적인 마음이라고요. 깨진 장독대 뚜껑이 있으면 거기에 물 담아서 꽃꽂이를 하면 안된다고 가르쳤죠. 아이들한테도 같은 가르침을 줘요." 그의 타고난 예술적 감각을 높이 사자, 자신은 예술가가 아니라고 말한다. 그저 삶을 즐기는 사람이라고, 생활 예술을 사랑하고 디자인적 감각이 발달한 것과 아티스트는 다른 것이라고 강조한다. "이제 아티스트는 제작자라고 표현해야 하지 않을까요? 새로운 트렌드가 생기듯, 명칭도 시대에 따라 바뀌어야 하는 거지요. 서양화가, 동양화가, 판화가…. 서로 구분이 없는 시대잖아요." "맞아, 컬래버레이션하지 않는 것은 이제 의미가 없단 말이지. 옷 갈아입는 건물도 마찬가지예요. 건축과 도자의 만남…:" 부부가 서로 주거니 받거니, 가족이 모이면 작품에 대해 신랄하게 토론하는 영락없는 '아티스트' 가족. 몇 시간 후, '이렇게 넓은 집이 있구나'가 '이렇게 이야기가 많이 담긴 집도 있구나'라는 감탄사로 바뀐 것은 당연한 일이다.

밝은 컬러 패브릭으로 디자인한 소파에
시대를 초월해 사랑받는 디자이너의 스테디셀러 제품으로 스타일링했다.

인테리어 디자이너 홍희수

디자인과 컬러가 교감하는 감각적인 스튜디오

트렌드를 이끄는 인테리어 브랜드 태홈, 햄튼, 아르마니 까사 등의 디스플레이를 담당하고 여러 리빙 페어에서 아트 디렉터로 활약하는 인테리어 디자이너 홍희수. 그는 '편안하면서도 뇌리에 오랫동안 남을 수 있는 곳' '클라이언트의 개성을 오롯이 드러내는 동시에 다양한 객체를 포용할 수 있는 넉넉함을 지닌 공간' 등을 모토로 하여, 자신의 작업물을 무겁지 않으면서도 깊이 있게, 그만의 특유한 색채로 선보이고 있다. 예술방면에 조예가 깊으셨던 부모님의 영향으로 어릴 때부터 집을 꾸미거나 뭔가를 만들어내는 걸 좋아했던 그는 미대에 진학해 조소를 전공했고, 예술이 상업적인 부분까지 연결되는 과정에 관심을 두게 되었다. 지난 2002년부터 VMD(visual merchandiser)와 인테리어 스타일리스트, 교육자로 다방면에서 활약하고 있으며 현재 '디자인 서다Design Seoda'의 대표로 왕성한 활동을 펼치고 있다.

홍희수 씨가 디자인한 심플한 라인의 소파와 그에 어울리는 패브릭 쿠션이 함께 어우러져 있다.

서래마을에 디자인 서다

모던한 스타일에 감각적 컬러 매치가 돋보이는 디스플레이와 인테리어 스타일링으로 활발하게 활동 중인 '디자인 서다' 대표 홍희수 씨. 그는 압구정 CGV 골드 클래스 영화관, 압구정 씨네드 셰프 레스토랑 등에 가구 컨설턴트로 맹활약한 인테리어 디자이너 겸 스타일리스트다. 얼마 전 신사동에서 서초동 서래마을로 스튜디오를 이전, 탁 트인 시원스러운 공간에 그의 취향을 엿볼 수 있는 쇼룸을 꾸몄다는 소식이 들려왔다. 지난겨울부터 분주하게 준비해 옮긴 이곳은 방배동 집과 가까울 뿐 아니라, 스튜디오 바로 옆에 있는 국립중앙도서관의 산책길을 따라 거닐며 사색에 잠기기에도 안성맞춤이다. 창이 벽의 반 이상을 차지해 마치 로프트 같은 공간은 조명이 없어도 하루 종일 빛이 충만하다. 165㎡ 남짓한 이곳에 들어서면 공간을 분할하는 벽을 최소화한 것이 가장 먼저 눈에 띈다. 앞·뒷면이 없는 수납 상자를 4단으로 쌓아 쇼룸과 사무실 공간을 분할하고 책과 소품 등을 정리해 공간을 실용적으로 활용했다. 평소 디자인 마니아로 소문난 그답게 쇼룸을 아르네 야콥센의 세븐 체어와 스완 소파, 루이스 폴센의 PH 아티초크 조명등, 프리츠 한센의 테이블 등으로 모던하게 스타일링했다. 서래마을로 옮긴 스튜디오에서는 보다 넓은 공간에서 사무실 겸 쇼룸으로 활용하며 인테리어 상담과 함께 집에서 연출할 수 있는 가구 스타일링에 대해 조언을 얻을 수 있다.

1 디자인 서다의 사무실에서는 캐비닛에 상판을 올려 책상으로, 상판을 받치는 캐비닛을 수납공간으로 활용한다. 2 가벽을 설치해 주방 싱크대를 깔끔하게 가렸다. 3 앞·뒷면이 없는 상자를 활용해 쇼룸과 사무실을 구분했다. 4 공간과 어울리는 가구를 감각적으로 스타일링하는 홍희수 씨.

패브릭 디자이너로서 본격적인 변신

평소 그를 아는 사람이라면 컬러를 이야기할 때마다 항상 상기되는 그의 모습을 떠올릴 듯. 홍희수 씨는 컬러를 다양하게 표현할 수 있는 가장 좋은 소재로 패브릭을 꼽는다. 그래서 패브릭과 컬러가 돋보이는 가구가 무엇일까 고민하던 중 소파와 침대를 떠올렸다고. 대개 한정적인 디자인의 소파와 침대는 패브릭 소재나 컬러의 변화만으로도 무한 변신할 수 있는 가구라는 장점을 지녔다. 또한 소파는 그저 하나의 프레임에 불과할 뿐 그와 어울리는 쿠션이 더해졌을 때 비로소 완전한 가구가 탄생한다고. "소파와 쿠션은 한 몸이에요. 그 둘이 어떻게 조화를 이루느냐에 따라 거실 분위기가 좌우되죠. 소파 커버가 어두운 톤이라면 무채색과 밝은 톤의 쿠션을 적절히 매치해 세련되게 코디할 수 있어요. 반대로 밝은 톤의 소파라면 원색 쿠션을 포인트로 매치해 경쾌한 분위기를 연출할 수 있지요. 쿠션은 같은 색감이라도 패브릭 소재나 두께를 다양하게 선택하면 소파에 재미를 더할 수 있어요." 패브릭 소파 하면 흔히 오염을 걱정하지만 세탁하기 쉽도록 지퍼를 달거나 시트 또는 등받이 부분을 다른 패브릭으로 커버링해 오래 사용할 수 있을 뿐 아니라 가죽 소파보다 손쉽고 다양하게 변신시킬 수 있다. 침실에서도 패브릭의 변신은 무궁무진하다. 펠트나 니트 소재의 블랭킷을 이불 위에 겹쳐 코디하기만 해도 금세 가을 침실로 변신할 수 있다. 디자인 서다에서는 그가 디자인한 패브릭 소파와 침대를 주문 제작할 수 있으며 다양한 패브릭 소재 매치와 컬러 코디에 대한 조언도 들을 수 있다.

다양한 소재와 디자인 가구를 믹스 매치한 모습.

디자이너를 사랑하는 디자이너

그의 작업실 곳곳에서는 다양한 디자이너의 가구를 만날 수 있다. 큼직한 테이블부터 조그만 조명등까지…. 묵직한 나무 테이블에는 스테인리스 스틸 소재로 모던하게 디자인한 의자를 매치하거나 그가 만든 심플한 패브릭 소파에 중후한 느낌의 1인용 암체어를 코디하는 등 소재와 디자인의 믹스 매치가 가구와 공간에 재미를 준다. "요즘 샤를로트 페리앙의 가구나 아르데코 스타일의 가에 아울렌티Gae Aulenti의 피피스트렐로 조명등 등 디자인의 시초가 되는 작품에 관심을 갖고 있어요. 리디자인되어 나오는 디자이너의 작품은 다른 가구와 매치했을 때 잘 어울리고 질리지 않는 매력이 있죠." 디자이너의 가구를 컬렉션하는 것은 높은 비용과 안목을 필요로 한다. 그는 처음부터 거창한 가구 구입을 계획하기보다 다이닝 체어 같은 1인용 의자부터 시작하는 것이 좋다고 조언한다. 다른 가구와 함께 연출할 때 공간에 재미를 더할 수 있고, 모으는 재미도 있다. 장 프루베의 오리지널 빈티지 가구나 아르네 야콥센의 한정된 색상의 에그 체어 등 그해에 나온 오리지널 가구를 구입하거나 리프로덕트 가구라도 리미티드 에디션 가구를 구입하는 것이 소장 가치를 높이는 방법이다. 디자인 서다에서는 프랑스 브랜드 콜리네Collinet 사의 햄튼 클럽 체어를 만날 수 있다. 햄튼 클럽 체어를 개인적으로 인수해 수입 전문 가구 숍 에이후스나 다른 매장에서도 디자인 서다를 통해 수입할 것이라고 한다. 홍희수 씨의 취향을 담은 스튜디오 디자인 서다는 시간이 지날수록 깊이 있는 색감과 개성이 더해가는 그의 안목을 확인할 수 있는 공간이다.

외국의 로프트 하우스를 연상케 하는 디자이너 이우진 씨의 작업실. 그가 하루에 반 이상을 보내는 곳으로 일하다가도 잠시 볕을 쬐며 쉴 수 있도록 테라스를 만들었다.

인테리어 디자이너 이우진

생각이 소요하는 공간, 자유로운 아틀리에

서울산업대학교 건축학부를 졸업하고 홍익대학교 건축도시대학원에서 실내설계를 전공한 인테리어 디자이너 이우진은 2002년 ㈜이우진어소시에이트를 설립해 대표이사로 재직하며 활발하게 활동하고 있다. 2009년 작품 '소요'를 통해 골든스케일 베스트디자인어워드 황금스케일상을 수상했고, 2010년에는 'Cross-Stitch'를 통해 골든스케일 베스트디자인어워드 특별상을 수상했다. 2009 서울디자인올림픽, 2009~2010년 갤러리서미에서 전시를 열었고, 2010 서울리빙디자인페어 디자이너스 초이스 등을 통해 전시를 선보이는 등 수많은 전시 경험을 갖고 있다. 주요작품으로는 소요, Cross-Stitch, MARINA HOUSE, Visible & Invisible 등 다수가 있으며, 2013 광주디자인비엔날레에서 그룹 동방신기의 가수 유노윤호와 함께 '마이 페이버릿 광주'라는 실험적인 전시를 선보였다.

이우진의 느리게 디자인하기

이우진 씨는 공간 디자인은 결코 단순한 데커레이션에 그쳐서는 안 되기 때문에 시간을 두고 느리게 디자인해야 한다고 말한다. 2002년 자신의 이름을 내건 디자인 회사 이우진어소시에이트를 설립한 그는 젊은 디자이너답게 어디로 튈지 모르는 다양한 아이디어를 쏟아냈다. 과감하고 강렬한 레드 컬러에 섹슈얼리즘을 담은 '에로바 코리아' 전시 공간, 산속 산장처럼 안온함이 감도는 방배동 레스토랑 '작은 마을' 등이 그의 손길을 거쳐 완성된 공간이다. 늘 타인의 공간만 디자인해온 그가 드디어 자신의 취향과 철학대로 사옥과 작업실을 공들여 만들었다. 오롯이 1년 동안 공들여 만든 작업실은 장자의 '소요逍遙' 사상을 디자인 콘셉트로 삼았다. "사람들이 종종 이런 작업실에서 일하면 일이 더 잘되겠다고 말합니다. 하지만 사실 작업실이 새로 생긴 후 늘어난 것은 정확하게 말해 일보다는 사색의 시간입니다. 사색은 디자인의 깊이를 더해주는 통로입니다." 이우진 씨가 사색의 시간을 보내는 공간, 작업실. 생각해보면 그 공간이 생긴 다음부터 일이 더 잘되긴 했다.

천장에 닿을 정도로 높은 책장에 모빌 같은 조명등으로 공간에 활력을 더한 이우진 씨.

화가 유의랑 씨가 이우진 씨의 작업실 오픈을 기념해 선물한 그림. '휴식'을 주제로 한 그림이 작업실에 잘 어울린다.

화려한 수사로 클라이언트를 설득해야 했던 과거에 비해 지금은 작업실 자체가 클라이언트를 설득하는 역할을 톡톡히 하고 있으니까. 이우진 씨는 작업실을 계획하며 오직 한 가지, '무엇을 더할까가 아닌 무엇을 뺄까'라는 점에 몰두했다. 그렇게 해서 장자의 소요 사상을 옮겨놓은 작업실은 '자유롭게 거닐다'라는 본뜻에 약간의 의미를 더해 '생각이 자유롭게 노닐 수 있는 공간'으로 완성된 것이다. 소요의 공간을 위해 그는 '여백'으로 공간을 채워 넣었다. 10여 년 동안 디자인 작업을 해오며 본 것도, 사들인 것도 많지만 절제미를 살려야 장자의 소요 사상이 공간에 깃들 수 있다고 판단했다. 5층으로 올라가는 계단이나 제법 너른 테라스 등 무언가 놓여 있을 법한 자리에는 여백만이 차분하게 자리하고 있다. 벽난로를 중심으로 한 공간에는 일본의 다다미방처럼 바닥보다 한 단 정도 낮은 곳에 키 작은 테이블과 소파를 마련해놓고, '객'이 올 때야 진정으로 완성되는 좌식형 공간을 연출했다. 그 공간에서 이우진 씨는 지인들과 와인 파티를 열기도 하고, 클라이언트와 많은 이야기를 나누기도 한다. 신발을 벗고 앉아 서로를 마주하다 보면 타인에 대한 낯섦이 사라지고, 상대방 이야기에 더욱 귀 기울일 수 있다.

1 사다리꼴 건물의 이우진어소시에이트 사옥. 청담동 주택가 사이에 자리한 이 건물 4, 5층에 디자이너 이우진 씨의 작업실이 있다. **2** 테라스 한쪽에 만들어놓은 작은 연못. **3** 계단 쪽 천장에 아피통 나무를 사선으로 덧대 공간을 변주했다. **4** 하늘이 투영되는 테라스에는 의자가 되기도 하고, 오브제가 되기도 하는 라탄 소재의 아웃도어 가구를 가져다놓았다.

나무, 돌확이 어우러진 공간

밖에서 건물을 바라보면 직사각형이 아닌 위가 좁은 사다리꼴의 외형이 인상적인데, 이에 대해 이우진 씨는 이렇게 말한다. "사다리꼴 외형은 사실 주변의 일조권 보장을 위한 배려에서 디자인한 것입니다. 이곳이 주택가인 만큼 주위 환경과의 어우러짐도 중요하다고 생각했습니다." 일반적으로 평수를 꼭 채워 쓰기 위해 억지로 두 면의 선을 맞추다 보면 미학적 매력 없이 어색한 모습의 공간이 설계되곤 한다. 하지만 이우진 씨는 건물을 짓기 전에 마음을 비웠다. 억지스럽게 공간을 넓히려는 마음을 버리니, 테라스의 너른 통창으로 하늘이 그림처럼 다가왔다. 이우진 씨는 이렇듯 아이디어만 있다면 건축 규제가 언제나 숨 막히는 것은 아니라고 이야기한다. 또 공간에 부유하는 고요함이 지루하지 않도록 자재를 사선으로 배치해 역동성을 더하기도 했다. 건물 외관에 마감재로 사용한 아피통apiton이라는 나무를 일직선이 아닌 사선으로 켜켜이 쌓은 것도 그 이유에서다. 블랙과 화이트를 기본으로 하되 작업실로 오르는 계단 옆 작은 대나무, 여느 여염집에서 사용했을 법한 문짝으로 만든 탁자 등 편안한 느낌의 낡은 원목으로 공간에 휴식을 주었다. 아피통은 흔히 철도에 까는 괴목 중 하나인데 계절에 따라 늘었다가 줄어드는 등 수축 팽창을 하는 '숨 쉬는 나무'다. 테라스 연못에는 평소 자태가 아름다워 하나둘 모아놓은 돌확을 가져다놓았다. 지인들 사이에 '도심 속 오아시스'로 불리는 작업실. 유독 시간도 천천히 흐르는 것 같은 곳에서 디자이너 이우진 씨는 부단히도 자신을 점검한다. 오늘도 너무 빨리 디자인하지는 않았는지에 대해….

조용하고 아늑한 분위기를 제대로 느낄 수 있는 카페 같은 거실. 혼자 앉아 오롯이 책장을 넘기는 소리에 마음의 휴식을 얻을 수 있다.

인테리어 디자이너 김재화

창조와 휴식이 함께하는 디자이너의 홈 오피스

인테리어 디자인 사무실 보이드 플래닝에서 기본기를 다지고 패션 브랜드 한섬의 인테리어 MD로 실무 경험을 쌓은 인테리어 디자이너 김재화가, 자신의 홈 오피스 '멜랑콜리 판타스틱 스페이스 리타melloncolie fantastic space LITA'를 오픈했다. 그리고 이어 삼청동 한옥 카페 '연', 서래마을 플라워 숍 '씨엘마린' 등 상업 공간과 주거 공간 리모델링을 진행했다. 주요작품으로는 북카페 '1974 way home', 인테리어 숍 '호시노쿠키스', 헤이리 사옥 '제니퍼소프트', 카페 '봉봉루즈' '코코브루니' '아니스' 등이 있다. 이중 '1974 way home'은 한쪽 벽면 전체에 짜 넣은 나무 책장이 인상적인 공간으로, 힘주어 멋 부리지 않으면서 무심한 듯 담백한 공간을 그려냈다는 평을 들었다. 그는 공간과 사람 간에 소통이 이루어질 수 있는 작업을 하고자 하며, 프로젝트에 관련된 인테리어, 컨설팅, 네이밍, 그래픽 등을 함께 계획하여 진행한다.

철저히 기능적인 작업 공간. 책상 아래 이동식 서랍장을 두어 수납한다. 내용물이 보이지 않는 종이 파일함은 대형 문구점에서 구입.

일과 주거, 취향을 배려한 아틀리에

주거 공간 겸 오피스, 스튜디오의 새로운 보금자리는 '멜랑콜리'라는 개성 강하고 특이한 스튜디오 이름과는 사뭇 대비되는 고즈넉한 동네 부암동에 자리 잡았다. 또 '판타스틱 스페이스'와는 조금 상반되기까지 한 스무 평 남짓의 아주 베이식한 공간이다. 우선 첫인상은 무척 깔끔하다. 자그마한 집에, 있어야 할 것은 다 있는데 마치 빈집처럼 큰 여백이 느껴진다. 크고 넓은 집보다 작고 쓸모 있는 공간이 더 좋다고 다부지게 말하는 그는 비워냄으로써 공간을 더 충실히 만드는 방법을 잘 알고 있는 듯했다. "인테리어를 어렵게 만드는 것은 너무 많은 소재와 제품을 믹스 매치하기 때문이지요. 콘셉트가 분명하게 잡히면 많은 가구도, 많은 컬러도 필요 없어요." 때로 취향은 현실과 타협하게 되는데, 특히 생활 공간인 집은 이상과 현실의 거리가 멀어지기 마련. 상업 공간 작업을 하면서 카페처럼 서정적인 거실을, 기능에 충실한 사무 공간을, 여유로움이 느껴지는 호텔 같은 침실 등을 꿈꿔왔던 그는 그러한 요소를 적절히 취하면서 이상에 가까운 '김재화 스타일'을 완성했다. 따로 직원을 두지 않고 프로젝트가 있을 때마다 팀을 구성하는 식으로 작업하기 때문에 주거 공간과 사무 공간을 겸하기로 결정. 오히려 시간에 구애받지 않고 일과 생활을 병행할 수 있어 더 효과적이라는 생각이다. 시행착오의 과정을 겪으면서 개인적인 성향을 확실하게 찾았다고 말하는 그는 최대한 심플하면서 기능적인 것을 추구한다.

1

2

3

집은 사람이 들어와 머물면서 시간이 흐를수록 주인의 성향을 덧입기 때문인데, 기본은 최대한 단순하게 하고 살면서 주인의 색깔을 찾아가는 것이 중요하다. 미니멀한 홈 오피스 실현은 여러 프로젝트 답습의 결과인 셈. 전체 개조 공사가 들어갔지만, 마감재를 무작정 교체하고 가구를 바꾸는 것이 아닌 기존의 것을 최대한 활용하는 방법을 선택했다. 체리목 마루에 화이트 유광 페인트를 세 번 도장하고, 벽면 역시 모두 화이트 벽지로 마감했다. "멀쩡한 집을 리모델링하며 생겨나는 쓰레기를 보면 안타까워요. 집이 본래 지닌 아름다움과 시간의 흔적을 찾아내는 것이 얼마나 큰 즐거움인데요." 천장을 뜯어내자 드러난 작은 창문과 세모 지붕 구조는 작은 집을 훨씬 넓어 보이게 한다. 또 천창으로 들어오는 따뜻한 볕이 자연 그대로의 물성과 어우러져 한없이 환하고 밝은 공간이 연출된다. 앞서 이야기한 것처럼 군더더기 없이 비어 있는 공간이어야 세월이 흐를수록 채워지는 것이 생겨도 넘치지 않는다고 말하는 그는 불필요한 장식 및 컬러를 배제하는 것은 물론 재료를 통일해 담백함이 물씬 풍겨나는 공간을 완성했다. 패브릭은 모두 캔버스 원단을 사용. 별다른 가공을 하지 않아도 멋스러운 적삼목은 그가 가장 즐겨 사용하는 재료다. 책장과 테이블, 주방 가구, 문틀까지 모두 적삼목 소재로 통일해 내추럴한 느낌. 낮에 거실에 앉아 있으면 에너지를 마구 받아 마치 광합성을 하며 무럭무럭 자라는 식물이 된 것 같다는 김재화 씨. "거실 창문은 그 자체로 그림이지요. 나뭇잎이 울창한 여름에는 초록색 풍경화가, 나뭇가지가 앙상한 겨울에는 부암동 전경이 그대로 펼쳐지니까요."

1 콘솔로 활용하는 작은 3단 서랍장. 좁은 공간에 두어도 답답해 보이지 않는다. 2 작은 집일수록 과감한 수납 공간이 필요하다. 작업실에는 붙박이장을 수납장으로 리폼해 많은 양을 수납한다. 3 인테리어 디자이너 김재화 씨. 공간과 사람이 소통할 수 있는 디자인을 지향한다.

작은 집에서 실현한 기능주의

스무 평의 공간에서 주방과 작업실, 침실, 드레스 룸 등 생활 공간과 작업 공간을 분리하면서 답답해 보이지 않게 연출하기란 쉽지 않은 일. 하지만 이 집은 서로 통하되, 구분이 확실하다. 우선 거실은 일과 생활의 공동 구역. 다른 주거 공간과 확실히 분리가 되면서도 좁은 공간이 답답해 보이지 않아야 하기에 침실, 주방과 구분 짓는 '문'이 중요했다. 반투명 강화유리로 슬라이딩 도어를 제작해 침실과 주방을 사이좋게 반씩 가려주는 데 활용했다. 거실 한쪽에는 그의 작업 '1974 way home'에서 볼 수 있었던 전면 CD장을 짜 넣었다. 천장의 박공 구조를 그대로 살려 천장이 높아 보이는 것은 물론 공간 활용도도 높아졌다. KBS 라디오국 프로듀서로 음악 방송 〈심야 식당〉을 연출·진행하는 남편 윤성현 씨는 CD를 마음껏 꽂을 수 있는 수납장이 생긴 것을 가장 기뻐한다. CD장 가운데 벽걸이 TV를 걸고 슬라이딩 도어를 제작해 평소에는 가려둔다. 넓지 않은 공간을 효율적으로 사용하기 위해 주거 공간에는 이동식 가구와 살림을 거의 두지 않고, 가구를 비롯한 싱크대와 세면대 모두 기성품을 구입하는 대신 작은 사이즈로 제작했다. 작업과 미팅, 가족의 식사 시간까지 모두 책임지는 테이블은 거실 규모에 맞게 폭 60cm로 줄여 제작. 침실은 라지 킹 사이즈의 매트리스와 선반 장식만 두어 침실 본연의 휴식 기능만 살렸다. ㄷ자형 책상 배열이 인상적인 작업실은 남편과 함께 사용하는 공간으로 집중이 잘될 것 같다.

좁은 공간에 효율적인 슬라이딩 도어. 문을 전부 닫으면 주방과 침실이 차단되어 리빙 룸과 미팅 룸을 효율적으로 활용할 수 있다.

평범한 가정식 백반이면서도 먹고 싶은 것만 골라 먹을 수 있는 뷔페 식당 같기도 한 김재화 씨의 부암동 스튜디오. 기본에 충실하면서 침실, 작업실, 주방 등 각 공간 본연의 기능을 강조해 오피스와 주거 공간이라는 두 마리 토끼를 잡았다. 다음 계획은 부모님과 함께 살 수 있는 마당 있는 복층 주택을 짓는 것. 공간과 사람, 사람과 사람을 잇는 그의 다음 작업이 벌써부터 궁금해진다.

1 침실은 온전히 휴식을 취하는 공간. 침대 대신 가장 큰 사이즈 매트리스만 두고 가구를 생략했다. 2 주방은 좁은 공간이라 상부장을 제작하지 않고 선반으로 수납과 장식 기능을 더했다. 하부장에는 문짝 대신 패브릭으로 커튼을 제작해 가려주었다.

1 김재화 씨의 현재 스튜디오. 최근 그는 집과 분리된 새로운 작업실을 마련했다. 철저히 개인적이고 사적인 공간으로 그만의 취향과 청춘의 단상들이 나열되어있다. 2 360도로 회전되는 도어를 열면 회의실과 라이브러리를 겸비한 공간과 마주하게 된다. 이 공간에서 파티나 세미나도 이루어진다. 3 효과적으로 자료를 수납하고 정리할 수 있도록 한 디자인 스튜디오.

오래된 시골집에 있던 구들장을 들어내어 안마당을 장식했다.

화가 장원실

축사를 개조해 만든 작업실

마른 자리

화가 장원실은 부산대학교에서 서양화를 전공했다. 1980년대 말부터 1990년대 초까지 형상미술의 선두에 섰던 작가로, 정치 혹은 사회구조에 대한 저항감을 캔버스 위에 농밀하게 내비쳤던 시절을 지냈다. 민족 미술의 일종이라 불리는 형상 미술 계열 작가로 활동하며 민주화 이념이 강한 그림을 그렸다. 이때 그는 다양한 오브제를 동원한 실험적인 평면 작업을 선보이며 우회적이고 암시적으로 저항감을 표현했었다. 그러다가 2000년대 들어와 환경 문제를 작품의 주제로 삼으면서, 자연과 일상을 주제로 한 작업을 하기 시작했다. 그가 '섀도 박스Shadow box'라는 제목으로 내놓은 연작들은 나무 이미지를 재현하거나 이와 함께 사슴 같은 자연 요소를 화면 속에 끌어들인 작품이다. 부산광역시립미술관, 부산동백미술관, 경기도 미술관, 양평군립미술관에 그의 작품이 소장되어 있다.

1 아담한 작업실 곳곳에는 작가가 손수 다듬은 흔적이 배어있다.
2 화가 장원실 씨는 부산대학교 서양화과를 졸업했다.

기억을 보관하는 소중한 상자

화가 장원실 씨의 작품을 들여다보다가 이런 이미지가 연상되었다. 지리산 어느 너럭바위에 새긴 '영혜♡용하 왔다 감' 같은 낙서 말이다. 글씨는 세월에 풍화되어 불규칙하게 닳아 있고 그 주위에 돌이끼가 얼룩져 있어야 한다. 좀 엉뚱한 상상일지도 모른다. 실제 작품은 거친 질감이 살아있는 도자기나 초등학교 교실 바닥의 낡은 마루와 비슷하니까.

영 빗나간 연상은 아니었다. 장원실 씨가 그린 까끌까끌한 도자기, 흠집 난 마루 표면이나 바위의 낙서는 모티프가 같다. 모두 기억을 보관하고 싶은 심정에서 출발했다. 그래서 몇 년간의 연작을 '섀도 박스Shadow Box', 즉 소중한 것을 담는 상자라고 이름 지었다. 그 상자들은 색이 은근하며 엷게 긁혔거나 금이 가 있다. 어떤 소중한 것도 기억 속에서 차츰 옅어지기 마련이라, 그는 멀끔한 자기 작품에 시간이 덧입혀지도록 사포로 벅벅 문질렀다.

말간 도자기 같은 표면 밑으로 푸른 안료가 비치는 기법은 생소히다. "캔버스에 가마에서 구워낸 코발트 유약으로 그립니다. 청화 백자를 만들 때 쓰는 유약이지요. 아크릴 물감으로 흉내 낼 수는 있지만, 자세히 보니 깊이와 여운이 다르더군요. 코발트 유약으로 그린 뒤 캔버스 전면을 흰색 에폭시(도료로 쓰이기도 하는 강력 접착제의 일종)로 칠합니다. 그리곤 유약으로 그린 부위에 덮인 에폭시를 사포로 문질러냅니다." 코발트 유약으로 채색에 쓸 청화 가루를 만들어내는 과정 또한 손이 많이 간다. 코발트 유약 덩어리를 가마에서 구워 분말을 만든 뒤 거르고 숙성시켜 다시 분쇄해야 비로소 청화 가루가 만들어진다. 이틀을 꼬박 쏟아도 고작 딸기잼 병만 한 분량이 나온다. 작가는 잦아드는 목소리로 "청화 자기에 대한 환상이 있었어요"라고 말한다. 소중한 기억일수록 바위 같은 단단한 표면에, 혹은 청화 가루처럼 잘 지워지지 않는 안료로 기록하고 싶은 게 유한한 인간들의 숙명인가.

그는 정리정돈 습관이 몸에 뱄다. 다양한 재료를 쓰기 때문에
그때그때 치우지 않으면 작업이 불가능할 정도로 어수선해지기 때문.

진 자리가 아닌 마른 자리가 되옵소서

장원실 씨의 '섀도 박스' 시리즈에는 나무가 천지다. 그런데 그는 나무를 그리게 될 것이라고는 단 한 번도 생각지 못했단다. "어느 날 보니 나무를 그리고 있었다"는 말이 맞겠단다. 그도 그럴 것이 1980년대 말부터 1990년대 초까지 그는 현실 참여적인 그림에 몰두했던 작가다. 부산 작가들이 주류가 된 형상미술 계열 작가로 활동하며 민주화 이념이 강한 그림을 그렸다. "그러다 1990년대 중반 민주화가 되자 제가 매달리던 화두가 공중 분해되었습니다. 2000년대는 환경 문제가 제 작품의 새로운 주제가 되었지요."

사상과 철학이 묻어나는 그림 대신, 자연과 일상을 주제로 한 작업이 시작되었다. 본격적인 계기는 30여 년 동안 살던 고향 부산을 떠나 양평으로 이사오면서부터다. 눈만 들면 마주치는 '나무'를 통해 구체적으로 표현되었다.

호주머니 가벼운 이 전업 작가는 양평에서 축사가 딸린 자그만 시골집을 구해 작업실로 개조했다. 작업 구상을 하는 틈틈이 집 안 곳곳을 예쁘게 매만졌다. 시멘트 바닥의 삭막함을 덜기 위해 고운 조약돌을 숭숭 박거나 아기자기한 창을 낸 솜씨가 웬만한 인테리어 디자이너 저리 가라다. 이렇게 '딴 짓'을 하는 시간이 쌓여야 작품이 나온다.

"대학교 때 가난한 미술 학도 7명이 아파트 지하를 통째로 얻어서 공동 작업실로 썼어요. 근데 그 땅 밑에 물길이 지나갔는지, 가만히 있어도 한쪽 바닥에 지하수가 샘솟더군요. 늘 축축했지요. 그때 제 방은 '진 자리가 아닌 마른 자리가 되옵소서' 바라는 마음에서 마른 자리라고 써붙였어요." 이후로도 한동안 지하 작업실로 옮겨 다닌 그는, 지금 볕 잘 드는 남서향에 마련한 작업실도 '마른 자리'라고 부른다.

'섀도 박스-천년초'는 암나무를 그린 것이고, 이 작품은 숫나무로 표현한 것.

나무 하나에 투영된 추억

〈행복〉 2008년 11월호 표지를 장식했던 그의 작품 '섀도 박스-천년초'는 어릴 적 집집마다 기르던 손바닥 선인장을 그린 작품이다. 천 년마다 꽃 피어 '천년초'가 아니고, 영하 20℃의 추위에도 견뎌내는 강한 식물이기에 그렇게 불리지 않을까 추측해본다. "선인장을 좋아해요. 매끈한 이파리가 아닌 울퉁불퉁 가시가 돋은 도톰한 잎에 어쩐지 마음이 기울어요. 지금껏 표면이 우둘투둘한 마티에르 작업만 해온 것도 그 때문이 아닐까 생각해요."

장원실 씨가 그린 청색 나무는 이파리가 또렷하지 않다. 책갈피에 끼워 말린 단풍잎 위에 습자지를 놓고 색연필로 삭삭 문지르면 드러나는 그물 같은 이미지와 닮았다. 기억 속에서 살아 남은 질긴 줄기만 그려낸 것 같다. 이렇듯 아련하게 추억한 나무에, 나무를 봤을 때 아지랑이처럼 피어 오른 경험을 녹여낸 이미지를 나란히 붙인다. 예를 들면 나무 옆에 이어 붙인 보자기 그림에는 이런 사연이 담겨 있다. "한여름 어느 날 숲에 서서 고개를 들자 나무 사이로 내리쬔 햇살이 눈가를 따갑게 하더군요. 문득 어릴 적 소풍 가던 기억이 떠올랐고, 그 기억은 어머니가 싸준 도시락 보자기로 이어졌습니다." 닭이 모이를 쪼는 장면이나 어머니가 떠놓은 정한수 한 사발도 비슷한 맥락이다.

한 관람객은 그의 나무 그림을 보더니 이렇게 말했다. "오랜만에 하늘을 잘 보고 갑니다." 나무를 통해 하늘을 봤다는 거다. 작가는 말한다. "어디 가도 있는 평범한 나무를 그립니다. 이 나무를 보는 사람마다 각자의 기억을 떠올리겠지요. 저는 나무로 감성에 동기를 부여할 뿐입니다." 이렇듯 그의 작업에서 나무는 소통의 통로다. 윤동주의 시 '별 헤는 밤'을 빌려 부언해본다. 나무 하나에 추억과, 나무 하나에 사랑과, 나무 하나에 쓸쓸함과, 나무 하나에 동경과, 나무 하나에 시와, 나무 하나에 어머니.

키다란 창을 내는 것만으로도 뒷산 풍경을 집안 가득 들일 수 있었다.

하루 종일 고운 볕이 드는 그의 작업실. 작업대의 서랍장부터 벽면 선반 등도 장원실 씨의 솜씨다.

써미앤투스 갤러리에서 가구를 테마로 전시했던 그의 작품들. 도자기로 만든 스툴, 콘크리트로 만든 소파 등을 선보였다.

도예가 이헌정

직관을 신봉하는 작업, 흙의 본성이 드러나도록

이헌정은 도예에서 시작해 조각, 설치, 건축, 디자인으로 영역을 넓혀 다양한 작업을 선보이고 있는 도예가다. 특히 세라믹을 이용한 아트 퍼니처 작업으로 널리 알려져 있다. 그의 도자기 가구는 단순하면서도 굳건한 구조적 형태 위에 물 흐르듯 자연스러운 유약의 흐름을 간직한 것이 특징이다. 더불어 작업 손길이 그대로 느껴지는 투박한 질감까지 담고 있다. 도예가 이헌정은 2006년 청계천 복원 사업의 일환으로 진행된 세계 최대 도자 벽화 '정조대왕능행 반차도'의 주인공이기도 하며, 갤러리 서미앤투스의 소속 작가로서 2009년부터 '디자인 마이애미/바젤'에 참여해 2010년에는 세계적으로 이름을 알렸다. 뉴욕 소호의 R20TH CENTURY 갤러리에서 해마다 솔로전을 가지면서 해외에서도 그 독보적 영향력을 인정받고 있다.

2008년 완공된 캠프A 건물의 전경. 모던한 콘크리트 박스가 의외로 자연 속에 잘 어우러진다.

울창한 숲 사이에 비밀 아지트

많은 사람들이 아마도 이헌정 씨를 그릇 만드는 사람으로 알고 있을 것이다. 투박하고 자연스러운 질감, 둥그스름하고 비대칭적이며 때로 반죽을 눌러놓은 듯 자유로운 생김의 그의 그릇은 '일 치프리아니'를 비롯한 유명 레스토랑과 호텔에서 식기로 애용된다. 또한 도예가 이헌정은 그릇뿐만 아니라 과감한 설치미술 작품부터 추상적인 도예 조각까지, 넓은 스펙트럼의 활동을 보여주는 미술 작가이기도 하다. 한국에서 도예를 전공한 후 미국에서 조각을 공부하고 돌아와 도예, 조각, 설치미술을 경계 없이 넘나들며 작품 활동을 하고 있다. 때때로 건축과 관련된 프로젝트를 진행하기도 하는데, 우리 눈에 익은 것으로는 청계천의 명물이 된 '정조대왕 능행 반차도' 도자 벽화를 꼽을 수 있겠다.

투박한 자연미가 드러나는 그릇을 만드는 사람답게 그의 거처는 경기도 양평의 시골에 있다. 휴대전화 수신이 되다 말다 하는 꼬불꼬불한 흙 길을 따라 들어가면, 울창한 숲 사이로 마치 태권브이의 비밀기지 같은 그의 아지트가 나타난다. 맑은 가을 하늘과 빼곡한 나무를 배경으로 노출 콘크리트로 지은 사각 박스 건물 세 개가 그 미니멀한 위용을 드러낸다. 그가 이곳 양평으로 들어온 것은 5년 전. 작업에 집중할 수 있는 환경을 찾아 이곳에 왔고 나무만 무성했던 자리에 두 채의 건물을 지었다. 하나는 작업실과 갤러리를 겸한 건물, 또 하나는 가족과 기거할 집. 작업 스케일이 커지고 작업량이 많아지면서 올해 세 번째 건물을 완공했다. 세 채의 건물은 각각 집과 작업실과 갤러리로 재편성되었다. 하지만 새 건물을 완성하기가 무섭게 벌써 포화상태에 이르러 또 작업 공간이 부족하단다. 참으로 왕성한 생산력이다.

1 그의 대형 작품은 먼저 작은 사이즈의 모형화 작업을 거친다. 2 집으로 쓰고 있는 건물의 현관. 각기 다른 크기의 색색 타일은 그의 작품이다. 3 그가 많은 시간을 보내는 책상 풍경. 어지러운 책상에서 고개를 들면 창밖으로 시원한 풍경이 펼쳐진다.

자연이라는 창조자에게 나는 노동을 빌려준다

예민하다기보다는 우직해 보이는 첫인상의 그는 스스로 노동을 많이 하는 작가라 말한다. 유학에서 돌아온 뒤 12년 동안 19번의 개인전을 치렀을 정도로 부지런한 성품이기도 하지만, 무엇보다 반복되는 노동을 통해 몸으로 체화하고 깨우치는 감각을 믿기에 더욱 그렇다. 도예 작품을 만들기 위해 흙을 주무르고 물레를 돌리고 장작을 패고 불을 지피는 순간을 그는 경건하게 생각한다. 이는 그의 작품관과도 관련이 있다.

"저는 직관을 신봉하는 사람입니다. 중요한 일을 결정할 때도 이유를 따지기보다는 직관에 따라 선택을 해요. 그러면 당시에는 그냥 선택한 것 같지만 지나고 보면 그 의미와 필연성이 드러나게 됩니다. 마찬가지로 도예 작품을 만들 때에도 저는 직관에 따라 형태를 만듭니다. 흙의 본성을 드러낸다는 대전제 하에 그냥 손이 가는 대로, 마음이 시키는 대로 주무르고 모양을 내지요." 그는 내재된 것이 드러나도록 노동을 제공하는 수동적인 존재일 뿐, 정작 창작자는 따로 있다고 한다. 그것은 바로 자연. 자연이 이미 흙을 창조했고, 그는 흙이 가진 본질이 드러날 수 있게 노동하는 것뿐. 부드러운 흙 반죽 질감이 그대로 살아 있는 둥글둥글한 그릇, 휘어진 타원을 그리는 사발, 손가락이 눌린 자국 그대로 완성된 접시 등 그의 도예 작품을 찬찬히 보면 그가 전하려는 흙의 본성이 무엇인지 알 수 있을 듯하다. 그리고 이를 표현하는 직관은 그가 신성시하는 반복되는 노동을 통해 발달하는 것이리라.

1 자연의 불이 저절로 만들어낸 오묘한 색은 이헌정 도자기의 큰 매력이다. 2 서미앤투스 갤러리에서 선보였던 작품. '물'과 '바다'는 그가 좋아하는 주제 중 하나다.

도자기는 또한 불의 본성을 드러내는 일. 편리한 가스 가마가 대중화된 요즘에도 그는 여전히 장작 가마를 좋아하는데, 바로 인간에게 통제되지 않는 불이 만드는 효과 때문이다. 40시간씩 타닥타닥 나무 타는 소리를 들으며 장작불을 지핀 후 작품을 꺼내는 순간, 그는 의도하지 않은 사고를 목격하는 일을 즐긴다. 불의 온도에 따라 전혀 새로운 색이 나올 때도 있고, 때로 깨지거나 갈라지는 일도 있다. 그는 이를 실패작으로 여기는 것이 아니라 불의 본질이 만들어낸 작품으로 인정한다. 흙과 불의 자연 현상을 그저 받아들이는 것, 이는 작가로서의 그 자신을 겸손하게 만든다.

예술은 자신을 객관화하는 여행

"도예가 자연 앞에 나를 겸손하게 낮추는 작업이라면, 설치미술은 물질과 내가 소통하는 과정입니다. 도예 작업과 달리 우연이 아니라 철저한 계산과 연출에 의해 이루어지죠." 지난 전시에서 선보인 콘크리트 가구들도 정확한 계산에 따라 틀을 짜고 맞추어 완성한 것이고, 그 외 다른 여러 설치 작품들도 마찬가지다. 지난 2006년 강하미술관에서 선보였던 작품, 거대한 나무를 뿌리째 거꾸로 박거나 거대한 헝겊 인형을 만들어 앉히고 꽃잎을 바닥에 흩뿌린 작품 역시 철저한 의도에 따라 설치된 것이다. 이 같은 설치미술은 그가 보다 적극적으로 목소리를 드러내는 작업. 중세시대 예술가들이 실물을 재현하는 데 존재 의미가 있었다면, 지금의 예술가들은 샤먼shaman으로서의 역할이 커졌다고 생각한다. 사람들을 계몽하고 영적으로 자극하는 역할 말이다.

수동적인 도예와 적극적인 설치미술, 그렇게 상반되는 작업을 함께 한다. 그러면서 그는 균형을 이룬다. '균형'은 그가 좋아하는 단어 중 하나. 서로 반대되는 두 작업의 통해 예술가적인 감성과 태도가 어느 한쪽으로 치우치지 않고 시소처럼 수평의 균형을 이루도록 노력한다.

두루뭉술한 메주덩어리 같은 그의 작품은 자연 자체가 가지고 있는 본성을 표현한 것. 오묘한
빛깔의 작품이 알루미늄 벽과 조명 속에서 태곳적 신비처럼 빛난다.

"제가 좋아하는 또 하나의 단어는 여행입니다. 저는 움직이는 습성을 가진 사람입니다. 지금까지 도예, 조각, 설치미술, 최근에는 가구까지 다양한 분야를 시도해왔어요. 누군가는 사서 고생한다고도 하지만, 이렇게 분야를 옮기면서 시도하는 게 저는 좋아요. 한 우물을 못 파는 제 성격을 장점화시키는 것이기도 하고요. 부담도 있지요. 노하우가 전혀 없는 새로운 것을 할 때마다 사람들이 내 이름에 기대하는 퀄리티 이상을 보여줘야 한다는 초조함이 듭니다. 그것에 초연해지는 데에도 많은 수련이 필요하더군요."

그는 자신의 작업을 여행이라고 생각한다. 여러 분야를 여행하듯 이동해서일 뿐만 아니라 예술이라는 것 자체를 여행의 도구라고 생각한다. 그의 전시에는 항상 '몇 번째 여행'이라는 제목이 붙는다. 그처럼 여행을 많이 떠날수록 예술가는 스스로에 갇히지 않고 객관화 된다고 생각한다.

그의 멀지 않은 다음 여행지는 '건축'이 될지도 모른다. 요즘 그는 경원대학교 대학원에서 건축을 공부하고 있다. 이것을 배워서 당장 무엇을 하겠다는 계획보다 우선은 그의 신념대로 직관에 따라 건축이 그저 재미있어서 하는 것이다. 언젠가 건축적인 작업도 할 수 있지 않을까 하는 막연한 기대를 갖고서. "건축 공부를 수단으로 삼는 것이 아니라 목적으로 삼습니다. 무엇이든 목적으로 대해야 더 큰 힘을 발휘한다고 생각해요. 돈을 벌기 위해서, 필요한 지위를 얻기 위해서 수단으로 어떤 일을 하게 되면, 시련이 왔을 때 쉽게 포기하게 되죠. 하지만 목적으로 생각한 사람은 그 자체가 즐거움이니까 시련을 개의치 않게 됩니다. 그게 10년을 지났을 때는 더 큰 성취를 이룬다고 생각해요." 오랫동안 소망으로만 가지고 있던 건축 공부를 시작하고 가구전을 선보인 일은 최근 들어 가장 기쁜 일이다. 반면 슬픈 일은, 전처럼 몸으로 노동하기보다는 입으로 일하는 때가 많다는 것. 그의 작업 규모가 점점 커지면서 작업 자체보다는 어떻게 운영할 것인가 하는 시스템의 문제가 커졌기 때문이다.

열심히 작품 활동에 매진한 지 10여 년이 훌쩍 지났으니, 아쉽지만 그럴 때가 된 것이 아닌가 생각한다. 새롭게 재정비되는 새 위치에서 더 해보고 싶은 일이 많기에, 그는 이런 변화를 긍정적으로 받아들이려고 한다.

시골집에서 계절을 따라 사는 행복

건축에 막 관심이 생길 무렵 그가 살고 있는 이 집과 작업실을 지었다. 얼마나 호기심이 충만했겠는가. 각 공간의 내부와 외부를 세세하게 구상하고 모형까지 정교하게 만든 후에 건축사무실에 의뢰를 했다. 건축사무실을 통해 완공하기는 했지만 그가 디자인한 것이나 다름없는 셈이다. 건물은 나무, 콘크리트, 쇠를 이용해 최대한 단순하게, 그리고 철골 기둥 같은 건물의 골조가 드러나도록 하는 데 중점을 두었다. 건물 안의 가구들, 책장, 주방 가구는 대부분 그가 만든 것들. 디자인만 해서 인부에게 맡긴 것이 아니라 그가 직접 땀 흘려 손으로 만들었단 소리다. 필요한 기계가 작업실에 다 있고 날마다 온갖 재료로 별의별 희한한 작품을 만드는 게 일상인데, 가구쯤이 뭐 그리 대수였겠는가.

구석구석 자신의 손길이 닿아 있는 이곳에서 그는 현재 두 사람의 스태프와 함께 지내고 있다. 특별한 일정이 없는 날이면 아침 8시부터 잠자기 전까지 작업을 한다. 그때 그때 전시 준비나 진행 중인 프로젝트에 따라 그릇도 만들고 타일이나 조각도 만들고, 때론 거대한 오브제도 만든다. 작업하고 점심 먹고 작업하고 저녁 먹고 작업하고 잠 잔다. 시골이라 달리 한눈팔 일도 없다. 작업 외의 일이라면 김장용 배추를 키우고 개울가에서 고기를 잡고 장작을 패고 겨울이면 눈을 치우는 정도다. 그는 이런 생활을 할 수 있는

캠프A 천창으로 환한 햇살이 쏟아져 그의 작품들을 비추고 있다.

1 주방과 침실이 복층 구조로 만들어진 그의 집. 정면으로 보이는 아일랜드 주방과 책장은 모두 그가 만든 것. 2 집과 작업실 건물 곳곳에서 그의 작품과 마주친다. 3 이헌정 씨의 침실 풍경.

시골이 좋다. "도시에 수직 수평의 질서가 존재한다면, 시골에는 유기적으로 얽히는 자연의 질서가 있어요. 이곳의 좋은 점 중에 하나는 계절마다 살아가기 위해서 해야 하는 일들이 있다는 겁니다. 그런 일들이 재미있기도 하지만 무엇보다 사람에게 참 중요한 일인 것 같아요. 트렌드가 아니라 진정한 웰빙을 위해서는 오히려 이런 생활의 절차들이 필요한지도 몰라요."

서울 나갈 일이 없으면 이곳에서 일주일이고 보름이고 조용히 작업에 집중한다. 밤에 술 마시러 다닐 때를 빼고는 서울을 별로 좋아하지 않는다. "선천적으로 사람이 많은 곳을 안 좋아해요. 백화점에 갔다가는 패닉 상태가 될 정도죠." 또한 그는 어딘가에 속해 있는 것을 못 견디는 편이다. 미술 하는 사람이면 그 누구나 속해 있다는 대한민국미술협회에도 그는 발을 들여놓지 않았다. 그가 살아오면서 조직에 속해 있었던 것은 홍익대 도예연구소에서 2년간 연구원으로 근무할 때가 전부. 하지만 당시에도 사무실에 나가면 소화불량에 걸릴 정도로 출근하는 것이 고역이었다. 연구소를 그만둔 후 홀로 작가 활동을 하면서 몸의 건강도 정신 건강도 되찾았다고.

패거리 문화를 싫어하는 그의 성격상 미술계 사람보다는 오히려 다른 분야의 친구들이 많은 편이다. 장사하는 사람도 그의 친구요, 음악하는 사람도 그의 친구다. 빨간색이든 파란색이든 색깔이 분명한 사람들을 좋아한다. 빨간색 흉내를 내는 것이 아니라 진짜 빨간색인 사람. 어떤 분야든 진정한 프로페셔널에게는 배울 점이 있다. 허풍스러운 예술가보다 프로페셔널한 보통 사람들이 훨씬 존경스럽다. 예술 작업을 교수가 되기 위한 수단으로 삼고, 예술을 한다지만 정작 자기 삶은 세속적이기만 한, 그런 어설픈 예술가보다 말이다.

1

2

3

몸으로 깨우친 자의 방향감각

그가 좋아하는 이야기가 있다. 뛰어난 항해자였던 고대 폴리네시아인들의 이야기이다. 그들은 나침반, 크로노미터 등 유럽인들이 항해에 사용하던 복잡한 도구도 없이 바다에서 정확한 길을 찾았다. 그들은 파도의 물결을 읽었다. 파도가 섬에 부딪히면 그 일부는 섬을 비껴가고 나머지는 오던 방향으로 되돌아온다는 점을 이용한 것이었다. 이를 측정하는 그들만의 도구가 있었지만, 때로 그저 촉감만으로 이 물결을 읽었다. 뱃머리에 쭈그리고 앉아 배의 움직임을 문자 그대로 '느끼면서' 수천 킬로미터의 망망대해를 지나 새로운 고향을 찾아갔다고 한다.

도예가 이헌정 또한 그 같은 항해를 꿈꾸는 듯하다. 노동의 반복을 통해 몸으로 깨우치게 된 감각, 그 감각에 의지하여 망망대해 같은 인식의 바다에서 방향을 찾아가는 항해. 그 항해를 위해 그는 오늘도 양평에서 흙을 주무르고 가마를 손보고 불을 지핀다. 긴 여행의 끝이 어디일지는 모르지만 그가 포기하지 않고 부지런한 항해를 계속하여, 그의 직관이 인도하는 최종 목적지에 다다를 수 있기를 바란다.

1 오묘한 색을 발하는 이헌정 씨의 도자기. 2 새는 그가 즐겨 만드는 오브제다. 3 6월 25일에 라디오를 듣다가 문득 만들게 되었다는 병사 조각.

이강소 씨가 10여 년 전 목수와 함께 지은 방 한 칸짜리 한옥.
이불 한 채를 제외하고 아무것도 들이지 않은 소박하고 청빈한 공간이 바로 그의 내면 풍경 같다.

화가 이강소

거칠고 자유로운 붓놀림,
그 뒤에 그려지는 힘찬 평화

서양화를 전공한 이강소는 1970년대 전개된 한국화단의 현대미술운동을 주도적으로 이끈 작가다. 생성과 소멸, 기운과 여백을 주제로 활발한 작품 활동을 하며 끊임없이 새로운 예술의 경지를 모색하고 있다. 1974년 최초의 전국단위 현대미술제인 〈대구현대미술제〉를 열어 현대미술운동을 전국으로 확산시켰다. 1973년 명동화랑에서 열린 첫 개인전에서는 전시장에 막걸리집을 그대로 옮겨와 그 안에 모인 관객까지 하나의 작품이 되는 전시를 열었고, 1975년 파리청년비엔날레에서는 미술관에 닭을 풀어놓는 실험적이고 파격적인 퍼포먼스를 선보이며 세계 미술계의 주목을 받았다. 1975년 이후 회화에 있어서도 동서양을 넘어서는 글로벌한 융합을 지향하며, 실험적인 작업을 이어 왔다. 그의 작업은 작가자신이든 관객이든 회화를 통해 자유롭고도 창발적인 관계를 맺음으로써, 생명이 펼쳐지는 세계로 나아가고자 하는 작업이다. 그의 회화에서 오리, 배, 집, 사슴, 혹은 추상적인 필획들의 이미지들, 그리고 캔버스의 허령한 공간들은 이러한 관련에서 출발한 것이다.

농협 창고를 개조해서 얻은 통영 작업실에서 이강소 씨가 회화 작업을 하고 있다. 그는 이른 아침 스스로 맑은 기운을 느낄 때 작업에 몰입하게 된다고 말한다.

촌부 같이 담백하고 정직한 삶

어설프게 아는 것만큼 위험한 것이 있을까. 그 어설픔이 사람을 향할 때라면 더욱이 말이다. 작가 이강소. 1970년대부터 한국 현대미술의 중심점에서 늘 새로운 시도를 보여온 작가, 70년대 설치 작업으로 대표되는 일련의 실험기를 거쳐, 본격적인 회화로 돌아온 80년대 중반 이후 90년대로 이어지며 평면 작업뿐 아니라 세라믹 등 조형 작업과 작품 사진에 이르기까지 왕성하게 활동하고 있는, 미술계에서 주목받고 있는 블루칩 작가. 치열했던 예술가의 인생을 단 몇 줄로 요약하며 그를 만나러 가는 길은 막연한 긴장감과 기대감이 줄다리기를 하고 있었다. 그 긴장감과 기대감의 근원은 모두, 아예 모르는 것만도 못한 어설픔 때문이었다. 이를 들키고 싶지 않은 얄팍한 심정으로, 달리는 차 속에서 급하게 읽어 내려간 어느 미술 평론가의 심오한 듯 모호하고 관념적인 문장들은 되려 긴장감의 크기를 키워가고, 시커멓게 뒤엉킨 볼펜 자국처럼 어지러운 마음으로 그의 대문을 두드리고 있었다.

한여름 아스팔트만큼이나 뜨겁게 달궈진 긴장감을 식혀주려는 듯 그는 수박 한 접시를 내왔다. 그의 그림에서 보았던 붓놀림만큼이나 투박하고 힘차게 자른 수박을 한 입 베어 먹는 순간, 그 모양새만큼이나 시원한 맛이 흐른다. 수박 접시를 사이에 두고 이야기를 시작했다. "예전에는 며칠만 작업을 안 해도 마음이 불안했는데 요즘은 공사를 핑계 삼아 놀아요." 듣다 보니 그 논다는 것이 하루 종일 서성거리고 사람들 일하는 거 물끄러미 바라보는 거란다. "골똘히 생각하는 것도 싫고 몇 달째 활자도 안 보고… 완전히 놀고 있어요." 소년같이 수줍은 미소를 띠며 조용조용 나지막이, 흐릿하게 남아 있는 경상도 말투로 이야기하는 그를 바라보며, 언제 마음이 그리도 어지러웠는가 싶게, 그가 말하는 '아무것도 안 하는 놀기', 예술가의 그 한가로운 한나절을 따라가보아도 좋을 듯싶었다.

이곳 안성과의 인연은 오래 전 심문섭·박서보 씨 등 몇 명의 동료 작가들과 함께 근방에 터를 마련하면서 시작되었다. 나이 들면 내려와서 그림이나 그리며 살자고 각자 터를 마련했던 것. 그러나 정작 이곳에 자리를 튼 것은 그뿐이다. 비닐하우스를 작업실 삼아 보낸 세월이 15년. 그동안 작업실은 작품들에 자리를 모두 내주어야 했고 이제 더 이상 작업할 공간조차 남아 있지 않았다. 그리고 2007년, 마침내 그는 공사를 시작했다. 이제 '정리를 시작해야 할 때'라는 생각이 들었단다. "이곳에 오래 있다 보니, 복잡한 서울이 싫어요. 일이 있을 때만 서울에 올라가지. 전시 때도 오프닝만 참석하고 다시 가보지도 않았어요."

그는 등산 한번 하자며 작업실 안내에 나섰다. 어리둥절해서는 '어딘가 전망 좋은 곳을 가려나' 하는 기대를 갖고 그를 따랐다. 어마어마한 크기의 창고 세 채가 눈에 들어온다. 공사와 정리가 진행 중인 창고는 그의 작품들로 꽉 들어차 있다. 1973년 명동화랑에서 전시장을 막걸리 집으로 꾸밀 때 썼던 나무 탁자와 의자, 73년 전시했던 대나무 묶음도 눈에 띈다. 하나하나 맞춤 박스 속에 보관되어 있는 조형 작품. 창고 하나를 빼곡히 채우고 있는 회화 작품. 보고 있자니 이게 바로 '보물상자'다. 40여 년 동안 40여 회의 개인전을 열었고 2백 회가 넘는 단체전에 참가했다는 그의 이력이 떠올랐다. 길 안내라도 하려는 듯 앞서거니 뒤서거니 우리를 따라붙는 곰방이와 곰실이(그가 키우고 있는 삽살개 형제다)를 따라 발길을 옮기니 필로티 구조로 공중에 띄운 갤러리가 눈에 들어왔다. 아직 정리가 덜 된 너른 마당에는 그의 거대한 조형 작품이 놓여 있다. 길을 따라 언덕을 오르니 ㄱ자 모양의 얌전한 한옥이 눈에 들어온다.

이강소 씨가 안성 작업실 창고 앞에서 한가로운 한때를 보내고 있다. 창고 속에는 1970년대 전시했던 작품에서부터 근작에 이르기까지 그의 40년 작가 인생이 고스란히 담겨 있다.

안성 작업실 2층 전경. 그는 고향인 대구에서 활동하는 젊은 건축가와 함께 직접 이 건물을 설계하고 디자인했다. 정면을 가득 채운 책장에는 그가 글을 실었던 1970년대 서울대 미대 학보에서부터 최근의 전시 도록과 리플릿까지 그의 작가 인생이 정리되어 있다.

경주 양주마을 심수정을 모델 삼아 한옥을 들였단다. 한옥과 마당을 공유하며 한옥과 양옥을 결합한 도미토리 구조의 멋스러운 건물이 자리잡고 있다. 외국에서 찾아오는 기자나 미술 관계자 등 이곳을 찾는 객들을 위해 준비하고 있는 공간이다.

신축 건물들이 한눈에 내려다보이는 언덕, 그곳에는 작은 한옥 한 채가 고요하게 자리하고 있었다. 목수와 함께 그가 직접 지은 집으로 방 하나에 비좁은 화장실과 벽장 하나가 전부다. 이불 한 채를 제외하곤 아무것도 들이지 않은 공간. 가로 3.4m, 세로 2.6m의 작은 집. 이곳에 오자 비로소 작가 이강소를 머리가 아닌 가슴으로부터 궁금해하기 시작했다. 이 청빈한 공간에서 매일같이 하루를 시작하고 끝을 맺었을 그를 상상하며, 어쩌면 그에 대해서 더 이상 알아야 할 것이 없다는 어리석은 생각마저 들었다. "안성에 내려온 이후로 자연스럽게 시골 사람들의 생활 습관을 갖게 돼요. 아침에 일찍 눈 떠 맑고 깨끗한 정신일 때 작업하고 또 저녁이 되면 술 한잔 곁들여 저녁 먹고 잠을 청하고…" 그는 촌부 같은 담백하고 정직한 삶을 살고 있었다.

창고를 개조한 통영 작업실

통영에서 그를 다시 만났다. 공사 때문에 한동안 안성에서 작업할 수 없어 통영에 작업실을 하나 더 마련했다. 농협 창고를 개조한 통영 작업실은 증축 공사를 통해 아래층은 작업실과 창고, 위층은 거실과 간이 부엌 등 주거 공간으로 쓰고 있다. "통영 시장 진의장 씨가 이곳을 소개해줬어요. 그 친구도 글씨 좋아하고 그림 좋아하는 것으로 유명하지. 심문섭 교수의 후배이기도 하고 내 술친구이기도 하고 그림도 그리고…. 작업실 구한다는 소리 듣고 이곳을 소개해줬어요. 지내면 지낼수록 이곳이 좋아. 처음 보았을 때 철골 구조가 아주 마음에 들었는데 지내보니 바다가 보이는 것도 아니고 풍경이 있는 것도 아닌데 이곳이 좋아. 채광도 좋고 편안함이

1 안성 작업실의 외부 전경. 2 농협 창고를 개조해 마련한 통영 작업실 2층에서 바라본 전경.

있어요." 안성 작업실은 공사가 마무리되더라도 안정적으로 작업을 하기까지는 시간이 좀 걸릴 것 같다. 어쩌면 모든 것이 다 정리된 후에도 통영에 와서 그림을 그릴지도 모른다며 이 객지에 대한 애정을 늘어놓는다.

이곳에서 비로소 화가의 진행형 작업실과 작품을 가까이서 볼 수 있었다. 그의 키를 훌쩍 넘는 대형 캔버스가 열을 맞춰 뉘어져 있고 어설픈 눈썰미로는 미완인지 완성인지 알기 어려운 그의 그림이 눈에 들어온다. 작업실 뒤에 자리한 그림 창고. "이쪽은 다 지워버릴 것들, 이건 지울까 말까 고민 중, 그리고 이건 맘에 드는 거… 연애편지와 꼭 같아. 되었다 싶은데 다음 날 다시 보면 봐줄 수가 없거든."

안성에서도 통영에서도 그는 간간이 음악을 들려주었다. 어설픈 방문객의 긴장을 조금이라도 풀어주려는 듯 아니 어쩌면 자신의 어색함을 숨기기 위함일 지도 모르겠다. 족히 8미터는 넘을 듯한 높은 천장을 타고 흐르는 그 범상치 않은 선율에 이끌려 "음악 좋아하시나 봐요" 우문을 던지게 되었다. "적막하면 안 되지, 혼자 있는 시간이 많으니…" 자신은 평범한 사람이라 특별히 가리는 것은 없다며 뒤섞여 있는 CD를 뒤적였다. 그러고 보니 그는 지난번 만남에도 몇 번이나 "나는 평범한 사람이라…"며 이야기했던 기억이 난다. 평범한 예술가. 이 세상에 자신을 평범하다 말하는 예술가가 그 말고 또 있을까? 특별하지 않으면 별 볼일 없다 취급하고 모두다 자신은 특별하다고 아우성치는 이 세상에서 사람들이 대가라 부르는 이 예술가는 자신을 평범하다 말하고 있었다.

어제는 통영 멸치와 미역으로 직접 끓인 미역국과 갈치구이로 저녁을 먹었단다. "난 평생을 이렇게 살았어요. 경상대 교수로 있을 때도 학생들과 작업실에서 숙식을 해결했고, 뉴욕에 있을 때도 그랬고, 안성 작업실에서도 거의 혼자 지내니 밥은 잘합니다. 생각해보면 서글픈 인생이지. 허허. 우리 집사람은 할 일이 없어. 할 일

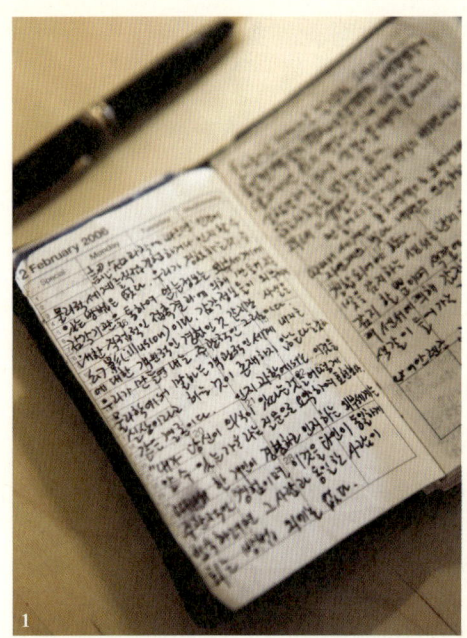

1 그가 항상 휴대하고 다니는 수첩에는 메모가 빼곡하다. 책을 읽거나 좋은 글귀를 발견했을 때 메모하는 습관이 있다. 2 어린아이의 맑은 웃음과 노 작가의 진중함이 함께 묻어나는 이강소 씨. 3 뒷짐 지고 서 있는 모습에서 가장 먼저 눈에 들어온 것은 '한국현대미술의 역사와 다르지 않은 그의 손이다. 4 세 채의 창고가 포함된 작업실을 짓고 보니 열쇠도 한움큼이 되었다.

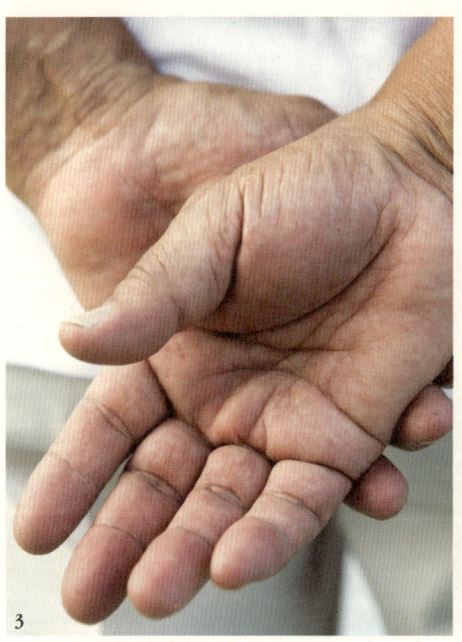

많다고 매일 '풍닥거리지만' 빨래하고 옷 다리는 게 다인걸." 통영에 왔으니 가자미찜을 먹으러 가자며 그가 외출 준비를 시작했다. 한 귀퉁이 의자에 놓인 가방 안에서 그가 꺼내는 옷은 정갈하게 비닐팩에 하나하나 담겨 있었다. 외출복으로 갈아입고 나타난 그의 단정한 매무새를 바라보며 떨어져 지내는 시간이 많은 남편을 위해 옷을 챙기는 아내의 모습이 궁금해졌다. "집사람은 도시 출신이라 시골 생활을 잘 몰라요. 이번에 집 짓는 것도 얼마나 반대했는지… 내 일과가 새벽에 일어나 작업하고 저녁 먹으며 술 한잔 마시고 또 잠을 청하고… 안성이고 통영이고 따라와봐야 할 일이 없지요." 통영 시내의 한 식당. 음식을 권하는 그의 손에서 꽤나 오래되어 보이는 낡은 백금 반지가 반짝이고 있다. "같이 오래 살았다고, 작년이던가 딸내미가 반지를 해주더라구요. 우리 아내도 깜짝 놀라드만. 반지가 왜 이리 되었느냐고. 우리는 노동하는 사람이니까 아무래도 거칠어질 수밖에 없지." "반지가 무슨 소용이고?" 한 마디 더 뱉어내면서도 혹시라도 반지가 손가락에서 빠져나갈까 머리라도 감을라치면 매우 조심스럽단다. 내색하지 않으려 해도 이내 드러나는 그의 속마음이다.

그림과 맺은 깊은 인연

"돌이켜보면 학생을 가르치던 시절이 가장 알찬 시간이었어요. 경상대 교수로 재직하던 11년 중 10년은 학생들과 함께 작업실에서 먹고 자고 생활했지요. 올해는 한국미술사, 내년에는 동양미술사, 학기마다 과목을 조절해 가르칠 수 있었으니까 나도 공부를 열심히 했지. 내 작품 활동의 근간이 되는 논리적 바탕도 축적할 수 있는 시간이었고요. 교수를 그만둔 가장 큰 이유는 너무 자주, 오래 외국에 나가게 되니까(그는 경상대 재직 시절 2년간 뉴욕주립대 객원교수 및 객원 예술가로 초청을 받았고 1991~92년은 P.S.1-뉴욕 현대미술연구소, 모마와 함께 현대 실험미술의 산실로 여겨지는 곳이다-

'From an Island-08019', 캔버스에 아크릴, 2008. 예화랑에서 열린 전시회에 소개된 이강소 씨의 회화 작품.

국제 스튜디오 아티스트 프로그램에 초청받아 뉴욕에서 활동하기도 했다) 수업에도 문제가 생기고 미안해서였어요. 뉴욕에 계속 머무를까 하는 생각도 있었고, 작가로 활발하게 활동하기에 지방에 근거지를 두면 현실적인 제약도 있었고…. 멀쩡한 직장을 그만둔다니 마누라는 울고 난리가 났었지. 그때는 그림이 팔리던 시절도 아니고."

그는 어려서부터 그림과 인연이 깊다고 했다. 일상생활 속에서 문인화와 서예를 접했던 성장 환경. 그의 조부는 평생을 두고 서예와 그림을 즐기셨다. 아버지와 삼촌도 서예를 하셨다. 현재 대구에 살고 계시는 아버지는 아흔이 넘은 지금도 붓을 놓지 않으셨다며 안성에 지은 한옥 현판도 부탁 드려 놓았단다. 그리고는 어릴 적 이웃, 간판 가게 이야기도 들려주었다. 대문을 열고 나서면 가장 먼저 눈에 들어오는 것은 간판 가게의 그림들. 미술 교사 출신인 화가가 들려주는 이야기가 하도 재미나서 언제나 저녁이면 그 옆을 떠나지 못했다고. "그때 간판 그림이 자연스레 눈에 익은 거지." 술 좋아하고 사람 좋아하는 그답게, 친구 따라 강남 가는 격으로 사관학교에 갈 생각도 있었다며 이런저런 학창 시절 이야기를 한 보따리 풀어놓는다. 그리고 보니 웃는 그의 눈매는 어느새 개구진 열일곱 소년의 모습을 하고 있었다. 감칠맛이 그만인 가자미찜과 매실주를 앞에 두고 그의 어릴 적 이야기, 소소한 일상의 이야기를 듣다 보니 어느새 아쉬움을 뒤로 한 채 서울로 향해야 하는 시간이 되었다.

그동안 너무 놀았다며, 내려왔으니 오랜만에 그림 좀 그려야겠다며 며칠 더 통영에 머무른다는 그를 뒤로하고 차에 몸을 실었다. 어찌 두 번의 만남으로 누군가를 '진정으로' 알 수 있겠는가. 그저 이해의 깊이가 조금 더해졌을 뿐이다. 남들이 끄적거려 놓은 글귀가 아닌 내 마음에 닿은 그대로의 이해. 그를 처음 만나러 가던 날, 한여름 뙤약볕 처럼 편치 않았던 마음은 돌아오는 길 위로 불어오는 가을바람에 평온을 찾는다. 그리고 보니 그는 가을 바람을 닮았다. 한여름 열기가 온기로 남아 있는 초가을의 청아하고 맑은 바람.

불두상부터 주판까지 온갖 물건이 뒤섞여 있는 그의 책상. 오른쪽의 소니 라디오는 황학동에서

화가 김쾌민

잡동사니와 상념의 집합소, 자극을 주는 작업실

김쾌민은 1993년 대한민국 예술대전을 시작으로 도올 갤러리 초대 작가전, 미술시장 창간 초대 작가전 등을 열면서 일러스트 작가로서는 유일하게 10여 회가 넘는 초대전시회를 진행했다. 신세계백화점 명품관 그림 작업, 슈페리어 콰이민라인 패션일러스트작업, 월간 바앤다이닝 일러스트 연재 등을 포함해 그의 작품영역은 다양하다. 그랜드힐튼, 서울시청, 래미안, 대명콘도 등의 홍보에서도 김쾌민의 일러스트가 사용되었으며, 2003년 고양시 세계 꽃 박람회에서는 나비관 조형작업을 진행했을 정도로 인테리어 디자이너로서의 역량도 발휘하고 있다. 삼청동 비스트로 '콰이민스 테이블 Qwymin's Table', 빈티지 공구 상자로 꾸민 논현동의 비스트로 '툴바', 내 발산동에 있는 '로켓펀치마켓Rocket Punch Market' 등이 그의 손을 거쳐 탄생한 곳들이다. 〈who are you〉라는 전시 타이틀을 가지고 2002년부터 해마다 개인전을 진행하고 있다.

온갖 물건과 상념이 자유분방하게 뒤섞여 있는 그의 작업실. 책상 위 빨간 펜던트 조명등이 경쾌한 포인트를 이룬다. 왼쪽 문 너머는 그가 잠자는 침실.

화가이자 삼청동의 '콰이민스테이블'로 유명한 인테리어 디자이너 김쾌민. 그의 새로운 작업실을 찾기로 했을 때, 그는 아직 정리를 못했다며 방문 시기를 늦췄다. "내일은 작업실에 갈게요." "여전히 정리를 못했어요. 그래도 그냥 오세요." 서강대학교 근처 소박한 주택가 골목, 낡은 2층 주택의 1층에 그의 작업실이 있다. 마감재를 뜯어낸 거친 외벽 그대로, 필요에 따라 간단히 나무판으로 공간을 구획해 쓰는 그의 작업실은 입구에서부터 온갖 잡동사니가 빼곡하다. 먼지가 쌓여 있는 의자에 그가 앉고, 옷가지가 걸려 있던 의자에 손님이 앉았다. 30분쯤 얘기를 나누다가 불현듯 나온 말. "살면서 머물렀던 작업실 모두 이처럼 정신없이 어지럽지 않았나요?" "예? 아… 네. 사실 그렇군요." 이 작업실은 그의 머릿속이다. 질서와 논리에 따르기보다 영감을 좇아 사는 그는 새로운 생각이 떠오를 때마다 연장을 꺼내고, 노트며 캔버스에 스케치를 한다. 생각이 떠나면 꺼내 든 도구는 그 자리에 머문다. 그 결과가 바로 이 작업실의 풍경이다. "작업실을 자주 옮기는 편이에요. 가난했을 때는 돈이 없어서 옮겨 다녔고, 일을 많이 하면서는 일터 따라 옮겨 다녔죠. 여기도 실은 근처에 인테리어 공사를 맡았다가 오가던 길에 발견한 곳이에요. H빔 골조가 천장을 가로지르고 아담한 마당이 있는 낡은 벽돌집이 마음에 들었죠." 새 일을 맡는다, 새 일터 근처의 재미있는 공간이 눈에 띈다, 일터와 가깝기도 하고 새로운 공간을 꾸며보고도 싶으니 이사한다, 이런 과정의 반복. 자주 옮겨 다니지만 정리에는 여전히 젬병이다.

사진 촬영을 위해 오랜만에 쌓인 물건을 뒤적이니, 몇십 년 된 가족 사진, 이미 태워버린 그림의 슬라이드가 불쑥불쑥 나온다. "조만간 입구의 벽을 허물 거예요. 재미있는 바로 만들어보려고요." 그의 어지러운 작업실에서 많은 것이 탄생했다. 레스토랑, 한옥 개조 인테리어, 패션 브랜드 '페리엘리스'와의 아트 컬래버레이션, 개인전을 위한 그림…. 때마다 다른 장소의 작업실은 그에게 새로운 자극을 주었다. 이곳에 '어지럽다' 대신 '자유롭다'는 수식어가 어울리는 이유가 바로 거기에 있다.

1 칼 수집은 김쾌민 씨의 오래된 습관이다. 어릴 적 목재소를 하던 큰아버지께 장난감 나무칼을 선물 받았고, 중학교 때에는 학교에서 공부보다 나무칼 조각하기를 즐겼으며, 어른이 되어서는 세계 각국의 다양한 칼을 수집하고 있다. 2 일러스트레이션은 그의 또 다른 활동 영역이다. 잡지, 캘린더, 브로슈어 등 각종 지면에 그만의 멋이 담긴 일러스트를 선보인다. 3 가구부터 문짝까지 인테리어에 필요한 온갖 것을 만들어내는 작업실답게 다양한 연장이 많다. 4 패션 브랜드 '페리엘리스'와의 아트 컬래버레이션으로 선보인 티셔츠. 그의 감각적인 스케치가 프린트된 티셔츠는 반응이 꽤 뜨거웠다고 한다.

화가 서용 씨는 둔황 벽화의 기법을 살려 현대적으로 재해석하는 작업을 한다.

화가 서용

시대를 뛰어넘어 흙벽에 새긴 영원한 여유

중국의 황무지 돈황에서 벽화를 공부한 화가 서용은 대학에서 동양화를 전공했다. 북경 중앙 미술학원 유학 시절 돈황 벽화에 매료되어, 난주대학에서 돈황학 박사학위를 수료한 뒤 본격적으로 자신의 작품에 돈황 벽화를 연결 짓기 시작했다. 돈황 벽화를 기본으로 하여 새로운 조형 의지를 가미시킨 그의 작품은 모두 중국 돈황의 황토로 만들어졌다. 그의 작업은 흙판을 만드는 데서 시작하는데, 채색은 동양화 안료를 주로 사용하지만 때에 따라 금가루나 은가루를 바르기도 한다. 세월의 무게를 표현하기 위한 장치로 채색한 그림을 사포로 긁어내는 작업도 거친다. 완성된 벽화는 마치 1천여 년 전으로 시간을 되돌린 듯한 착각을 불러일으킨다. 무엇보다 그의 돈황 벽화가 높은 평가를 받는 이유는 단순한 모사 수준을 넘어 시대를 뛰어넘는 창조성을 짙게 드리웠기 때문이다.

낡은 듯 빛바랜 효과를 냈지만 세밀하게 묘사된 붓터치를 퇴색시키지는 못했다.

"아무리 생각해도 이건 운명이고 인연이다"

오래 전, 화가 서용 씨는 홀연 둔황으로 떠났다. 중국 서북쪽 고비사막의 검은 모래 바람이 몰아치는 작은 도시 둔황 말이다. '둔황'하면 전설 속의 도시 아니냐고 묻는 이도 있을 것이다. 그만큼 둔황이라는 도시는 신화적이며 전설적이다. 동서양 문물이 흐르던 실크로드의 중심지인데다 무엇보다 엄청난 규모의 동굴 벽화가 존재하는 곳이기 때문이다. 베이징에서 벽화로 석사 학위를 받은 그는 동양 벽화의 요람에 은거하겠다며 둔황으로 향했다.

그는 돈황행을 두고 "'내'가 간 게 아니라 보이지 않는 힘이 날 그리로 이끌었던 듯하다"고 말한다. 운명이고 인연이었다는 것이다. 그런데 이 운명에 전조가 있었다. 석사 학위 졸업 전시가 중국 최고의 권위를 자랑하는 중국미술관에서 성공적으로 열리고 있을 때, 정작 작가는 불안하고 불만스러워 견딜 수 없었단다. "형언하기 어렵지만, 그때 참 불쾌한 상태였어요. 중국 화가들이나 관람객의 찬사도 그다지 달갑지 않았어요. 무엇보다 제 그림이 불만스러웠지요. 전시장에 들어가지 못하고 안을 힐끔 들여다보기만 했지요." 박수 소리도 멀리서 멍멍하게 들릴 뿐이었다. 모든 상황이 일순 낯설어졌다. 당황한 그를 도시 둔황이 불렀다. 이전에 두어 번 다녀갔던 도시, 둔황이.

둔황 벽화를 마주했을 때의 압도적인 상황을 그는 작업 노트에 기록해두었다. '둔황 벽화는 확실히 나에겐 충격적이었다. 석굴 안을 가득 메운 5백 개에 달하는 벽화는 강하지만 깊은 여운을 남기는, 아주 특별한 감동이었다. 전체는 말할 것도 없고 구석진 곳의 손바닥만한 벽화에서도 현대 미술로는 비길 수 없는 특이함이 있었고 그것들은 하나 하나 살아 숨 쉬고 있었다. 아, 무슨 표현이 그 희열을 대신할 수 있으랴. 나는 둔황의 벽화에서 그동안 내가 고민하고 있던 문제의 해결 방법을 보았다고 생각했다.'

둔황 벽화의 압도적인 규모를 직접 보고 돌아온 그는 결국 양평에 높이가 6m 넘는 큼직한 작업실을 마련했다. 천장이 높아서 대작을 그리기에 좋다.

흔히 동양 벽화를 공부하려면 중국으로, 서양 벽화를 공부하려면 이탈리아로 가라고 한다. 그런데 둔황은 중국 최고의 벽화를 볼 수 있는 곳이었음에도 불구하고 중국 작가들조차 이곳에서 벽화를 공부하는 일이 드물었다. 그 와중에 서용 씨는 둔황 란저우대학이 세계 최초로 개설한 둔황학 박사과정 1기로 입학했다. 이후 7년 동안 둔황의 모래 바람 속에서 헤매다 이곳 양평에 자택 겸 작업실을 짓고 템페라 작가인 아내 서해경 씨와 딸 희진과 함께 정착했다.

석굴을 닮은 작업실

옛 도시의 호흡에 익숙해진 작가에게 도시는 살 곳이 못되었다. 양평에서도 한참 산길로 접어든 곳에 터를 마련했다. 집을 지을 때 가장 염두에 둔 것은 천장이 높은 작업실을 확보하는 것이었다. 엄청난 규모의 둔황 벽화를 체험한 그에게 커다란 작업실은 물고기가 노닐 물처럼 꼭 필요한 공간이었다. 아내나 아이는 전원생활이 불편할 법도 한데, 서해경 씨나 딸 희진은 양평 생활을 즐기고 있다. 둔황과 계림에서 시골 살이를 했던 이들에게는 자연이 고향처럼 편한지도 모른다. 커튼도 없는 환한 통창으로 둘러싸인 이 집에서는 안에 있는지 밖에 있는지 분간이 안간다.

희진은 집으로 돌아오는 먼 길을 걸으며 길가의 온갖 것에 관여하고 다닌다. 한번은 걱정하던 엄마가 "수업 끝나면 곧장 집으로 와야지, 왜 놀다가 늦게 돌아오니!"라며 혼냈다. 딸의 대답이 천진하다. "꺾여서 버려진 꽃을 주워서 묻어주고, 거기에 '밟지 마세요'라고 쓰고 오느라고 늦었다"고 한다. 어떤 때는 달, 구름, 해와 이야기하고 바람과도 춤을 춘단다. 서해경 씨는 동생 하나 낳아줘야 하나 했지만, 딸은 심심하지 않으니 괜찮단다.

1 부부는 작품에 대해 함께 생각을 공유할 수 있는 선후배 사이이기도 하다. 2 여태 큰 싸움 한 번 한 적 없는 잉꼬 부부 사이에서 새처럼 자유로운 딸 희진이 태어났다. 3 템페라 작가인 아내 서해경 씨는 집안의 행복과 평안을 기원하는 작품을 그린다. 민화에서 나타나는 전통적인 기물을 모티프로 삼았다.

아내 서해경 씨는 서양 벽화 기법의 일종인 템페라 그림을 그리는 작가다. 대리석 표면을 닮은 중세 서구의 채색 기법을 활용해 꽃이나 새 같은 한국 전통 문양을 그려낸다. 잠시 계림에 살 때 저녁마다 남편과 손잡고 산책하며 보았던 하늘 빛을 영영 잊지 못해 작품에도 그 색감을 담았다. 여러 번 공들여 덧칠한 투명하고 오묘한 빛이 그 하늘을 닮았다. 그러고 보면 무엇인가와 사랑에 빠지고 인연을 맺는 것은 사람이 완벽하게 설명할 수 있는 일이 아닌 것 같다. 남편과 사랑에 빠질 때도 그러했다. "처음에는 오빠처럼 잘 돌봐주던, 그림 잘 그리는 선배였어요. 서서히 가까워지던 어느 날, 손을 내밀래요. 한 손을 내밀었더니 두 손을 내밀래요. 공손히 두 손을 펼쳤더니 두 손 가득 사탕을 쥐어 주더군요. 제 볼이 발개졌어요. 그날 밤 이 남자가 꿈 속에 나타나더니, 무슨 조화인지 그가 좋아졌어요…"

서용 씨는 문득 이 모든 인연에 감사한 마음이 들어 절로 고개가 숙여진다. 베이징에서 공부할 때 가진 것이라고는 열정이 전부였던 유학생에게 시집오겠다고 한 열 살 어린 튤립 같은 후배 서해경 씨도, 또 물 설고 산 선 먼 계림에 있을 때 건강하게 태어나준 희진이도 그에게는 존재의 이유다.

벽화에 불어넣은 21세기 화가의 사적인 고백

이 부부는 딸을 키우는 대개의 '서울 부모'들과 많이 다르다. 딸을 학원에 보내지 않고 공부를 강요하지도 않는다. 공부는 못해도 좋으나 예의 바른 아이로 자라 사람들에게 사랑 받는 이가 되었으면 좋겠다. 서용 씨가 서른 후반의 나이에 얻은 무남독녀 외딸이지만 집에서부터 한참 걸어 나간 뒤 버스를 타고 가야 하는 긴 통학 길을 차로 데려다준 적도 없다. 한겨울에 몸이 꽁꽁 얼어서 집에 돌아올 적이면 무척 안쓰럽지만, 돌아보면 자신도 어릴 때 그 정도는 겪으며 자랐다. 그래서 시골 아이들처럼 키우기로 마음을 정했

서용 씨의 작품은 작업 과정이 무척 까다롭고 지난하다. 우선 캔버스에 마대를 붙인 뒤 둔황에서 가져온 황토를 바른다. 그 뒤에 고운 백토를 덧바른다. 석채 안료를 개어 여기에 그림을 그리거나 표면을 파내 입체적인 묘사를 하기도 하는데, 원래의 둔황 벽화에는 없던 기법이다.

다. 덕분에 희진이는 또래 아이들에 비해 감성이 풍부해서 글 재주도 있고 노래도 잘하고 그림도 잘 그린다. 들판에서 뛰놀며 자란 희진은 장차 아빠처럼 제 2의 둔황을 찾아 떠날지도 모를 일이다.

서용 씨는 양평의 외딴 곳에서 전원생활을 하는 요즘도 둔황이 그립다. 아무래도 한국에 살면 그를 찾는 이들이 많아 작품에 온전히 몰입하기가 쉽지 않기 때문이다. 그래서 아내와 딸을 데리고 두 달 동안 둔황에 머무르며 그림을 그리기도 했다. 그만큼 둔황은 그에게 자궁처럼 편안한 곳이다. 그곳에서 새로운 세계를 보았기 때문일 터다.

1997년 둔황에 도착했을 때 서용 씨는 그림 공부를 처음부터 다시 시작해야겠다고 결심했다. 이미 길들여져서 익숙했던 가치와 기법 등 모든 것을 비우기 위해 벽화 모사 작업에 열중했다. "작업에 몰입하다 보면 긴 시간을 훌쩍 넘어 당시의 화공들과 교감했습니다. 제겐 둔황 벽화가 유일한 스승이었지요. 천 년 전의 화공들은 내게 용필법과 채색법을 알려주었습니다. 먹선을 이렇게 긋고 색을 이렇게 칠하라고 일러주는 듯했습니다."

벽화에는 다른 장르에서 느낄 수 없는 매력이 있었다. 서용 씨는 역사성과 자연미라고 말한다. "화공이 벽화를 그릴 때에는 당시의 생활상을 반영하기 마련이므로 벽화는 미술사는 물론 복식, 건축, 민속, 생활양식 등의 정보를 생생하게 제공합니다. 둔황 벽화가 '벽 위의 백과사전'이라고 불리는 것도 역사서가 전달하지 못하는 사실을 담고 있기 때문이죠." 벽화는 오랜 시간이 흘러 자연미를 획득했다. 현재 우리가 보는 벽화는 그 옛날 화공의 손과 약 1천 년이라는 시간이 만나 완벽한 자연미를 창조한 것이다. 당시 화공이 그림을 그릴 때에는 새 것의 냄새가 나는 창조물이었겠지만, 오랜 시간이 흐르며 자연은 그 그림을 품어 안았다. 더러는 변색되고 더러는 해지고 어떤 부분은 떨어져 나가 자연의 일부가 되었다.

1 2층에서 내려다 본 1층 테라스. 산밑에 자리해 여름에도 덥지 않다. **2** 중국에서 고재로 주문 제작한 책꽂이와 서랍장. 집에 창이 많아 수시로 내리쬐는 햇살이 빛바랜 나무를 부드럽게 비춘다. **3** 계단을 중심으로 오른쪽은 서용 씨의 작업실, 왼쪽은 생활 공간이다.

서용 씨는 오래된 것에서 풍겨 나오는 자연미를 사랑한다. "서근서근해서 편안하다"고 말한다. 21세기를 사는 작가가 굳이 둔황 벽화를 통해 익힌 기법으로 그림을 그리는 이유는 그 때문이다. 그러나 그의 작업은 벽화 모사가 아니다. 현대인 서용 씨의 주관적인 미감이 녹아 작품에 힘을 실어주고 있다. 덧칠하고 갈아내서 낡은 효과를 낸 그림은 둔황 벽화와 흡사하나 '참 곱다'는 느낌이 강하다. 그런데 여기에 강한 먹칠로 추상적이고 기하학적인 문양을 더한다. 몇 달 동안 매달린 그림 위에 과감한 붓질을 하기란 쉽지 않아서, 맨 처음에는 술을 마신 뒤 취기가 올라 자유로워졌을 때 시도했단다. "둔황은 독특한 기운이 가득한, 강한 땅입니다. '그 기운을 어떻게 표현하면 좋을까'가 저의 화두였지요. 가도 가도 끝이 보이지 않는 지평선을 바라보고 있으면 마치 우주의 기운을 모아 가로로 그은 일필의 먹선을 대한 듯 통쾌한 카타르시스를 느끼곤 했는데, 여기서 영감을 얻어 작품을 완성했습니다."

당시 둔황 벽화는 불교 사상을 선양하기 위해 그려졌다. 서용 씨에게는 둔황 벽화가 종교적이기보다는 지극히 아름다운 작품이었다. "경주 석굴암을 불교 미술에 국한해서 이야기할 수 없고 우리 조상의 문화 유산으로 보아야 하듯이 둔황 벽화도 비록 불교 미술의 성향을 강하게 풍기지만 불교 미술에 국한하기는 어렵습니다. 당대의 대표적인 문화를 반영한 작품이라고 봐야겠지요." 그래서 둔황 벽화가 그 시대의 시간성과 역사성을 또렷이 담은 공공 예술이라면, 그의 작품은 '서용'이라는 벽에 자유분방하게 펼친 극히 개인적인 고백이다.

1 서해경 씨는 지하에 있는 작업실을 임시로 폐쇄하고 서용 씨의 서재에서 작업 중이다. 2 서용 씨 가족의 집은 동양화를 공부한 부부의 취향대로 여백의 미가 돋보인다.

빛바랜 미래, 21세기 둔황 벽화

장식이 거의 배재된 서용 씨의 집에서 유일하게 눈에 띄는 것은 중국 고재를 이용해 만든 가구와 정원에 놓인 석상들이다. 반짝거리는 새 가구들은 사람을 긴장시켜서 싫다는 그는 중국에서 고재로 만든 책상, 콘솔, 책장 등을 주문 제작해서 한국으로 싣고 왔다. "오래된 것들은 인위적인 면이 세월에 깎여나갔고, 인위적인 부분이 없으므로 자연에 가까이 다가간 셈이지요. 그래서 자연스럽게 변한 옛 벽화가 인간적이고 편안한 그림으로 느껴지는 것입니다. 많은 사람이 골동품에 매력을 느껴서 애호하고 수집하는 것은 바로 오랜 시간 많은 사람의 손을 거치면서 자연의 변화를 더해 인위적으로 모방할 수 없는 자연미를 찾으려는 것 아닐까요."

사실 작업 재료로서 흙은 좋은 재료가 아니다. 변형도 잘 되고 다루기도 까다롭다. 그런데 둔황에서 공수하는 아주 질 좋은 흙에 직접 쑨 찹쌀 죽을 넣어 반죽한 재료로 만든 그림은 보존성이 좋은 편이다. 이렇게 만들어진 질박한 흙 그림은 사람에게 쉴 수 있는 여지를 준다. 서용 씨는 자신의 작품이 보는 이에게 '쉼표'였으면 좋겠단다.

사실 작가는 작품을 잉태하지 않고는 견딜 수 없기 때문에 그림을 그리는 것이다. 관람객의 반응을 보는 것은 힘겨운 해산을 한 이후의 일이다. 그런데 소설이나 영화를 보고, 음악을 들으며 울어본 적이 있으나 그림을 보고 울어본 적이 한 번도 없던 그가, 자신의 그림을 보고 우는 관람객을 보았을 때 충격이었다. "귀국 전시를 할 때 어느 아주머니가 작품 앞에서 눈이 시뻘겋게 되더니 막 우셨습니다. '불심이 강하신가?'하고는 지나갔습니다. 또 회사원 차림의 아가씨가 전시장에서 제 근처를 서성이더군요. 뭔가 할 이야기 있느냐고 했더니, 대답도 없이 닭똥 같은 눈물을 뚝뚝 흘렸어요. 당황스러워서 '혹시 내가 예전에 사귀었던 사람인가?'싶어 다시 봤는데 아니더군요. 그때 아가씨가 "잘 봤습니다"하더니 돌아서서 갔습니다."

표면을 도려내는 반입체 작업은 원래 둔황 벽화에는 없는 기법으로, 작품에 입체감을 부여하기 위해 그가 고안했다.

그는 그런 경험이 잘 납득되지 않았다. '왜일까? 작품의 어떤 점에 감동했을까?'를 처음으로 곰곰이 생각해보게 되었다. 잠정적으로 결론 내리기를, 바로 작품에 담긴 '노동'이 아니었을까 싶다. 그가 그림에 바친 시간에 대한 경배가 아니었을까 싶다.

    서용 씨의 배움, 인생, 그리고 작업 이야기를 반추하면 그는 마치 기껏 곱게 그린 그림에 큰 붓으로 과감하게 먹칠하기를 반복한 것 같다. 베이징에서 졸업 전시를 성황리에 마친 뒤 편안한 귀국길을 택하는 대신 먼 둔황으로 떠났고, 또 몇 개월 손끝이 저리도록 그린 벽화에 누군가 낙서한 듯 거칠게 덧칠하고 긁어냈다. 예쁜 그림에 만족하며 살아도 꽤 즐거울 것 같은데, 안정된 순간을 스스로 깨버리며 고생스러운 불균형을 찾아 떠난 것이다. 그리 하지 않으면 마음의 기갈을 해소할 수 없으니 고통스러우나 필연적인 선택이었다. 그런데 이 불균형은 곧 치명적인 아름다움을 드러냈다. 둔황에서의 7년은 그에게 천 년 묵은 벽화의 길을 열어줬고, 과감한 덧칠은 그 벽화가 더 이상 천 년 전에 머물지 않고 현재, 그리고 미래에 살아있게 했으니까.

안재복 씨가 가장 사랑하는 공간. 평상 위 부드러운 깔개에 몸을 눕히고 마음에 드는 책을 골라 읽노라면 세상 부러울 게 없다. 그 옆에 첼로가 놓여 있는데 오펜바흐의 '재클린의 눈물'을 듣고 감동을 받은 후 레슨을 시작했다.

조각가 안재복

쉴 곳을 선사하는 조각, 내 삶이 예술과 같다면

차갑지만 편안하고, 단순하지만 치밀하다. 정형화된 공업용 철판을 구부리고 잘라 유선형의 흔들의자로, 비대칭의 책꽂이로 자유롭게 변신시키는 조각가 안재복. 그의 주요 작업은 의자다. 감상자와 더불어 숨 쉬는 조각, 삶 속에 함께 하는 존재로서의 예술에 대한 바람을 의자 조각에 불어넣는다. 스스로 즐겁게 만들어야 사용하는 이에게도 그 즐거움이 전해진다는 생각 또한 작품에 반영된다. 때문에 그는 작업 시간을 최소로 줄인다. 하지만 작품 구상 시간은 누구보다 길다. 아이디어를 스케치하고, 은과 알루미늄 판을 자르고 구부려가며 일일이 작은 모형을 만든다. 그런 다음 모형을 사진으로 찍어 각도와 사이즈를 가늠하고, 대형 스티로폼이나 베니어 판을 이용해 실제 사이즈로 모형을 만들어 보는 과정을 철저하게 거친다. 그런 뒤에야 비로소 본 작업에 들어갈 수 있다. 치밀한 계획 덕분에 작업에 사용하는 규격화된 철판은 단 한 조각도 허투루 잘려나가는 법이 없다.

병풍 모양으로 캔버스를 이어 만든 접이식 화폭 앞에서 작업 중인 안재복 씨.

철판 하나로 여덟 명이 행복해지는 법

번듯한 전원주택을 상상했다면 실망했을 법했다. 하지만 허름한 컨테이너 박스는 의외로 정겹고 따스하다. 삐걱거리는 바닥도, 자칫 구질구질해 보일 수 있는 버려진 가구들도 안재복 씨의 손을 거치니 제법 그럴싸하다. 부러 손때 묻힌 앤티크 가구 같다. 뿐인가. 마당 한구석을 자유로이 활보하는 잘생긴 개가 네 마리, 백조처럼 우아한 거위가 한 마리, 튼실해 보이는 오리가 세 마리, 게다가 오동통하게 살이 오른 암탉과 장닭들…, 작업실이 아니라 유쾌한 동물 농장 같다. 손님맞이 음식도 직접 키운 오리 알 프라이와 삶은 오리 알. 오리 알이 계란보다 더 구수하다며 사양 말고 어서 먹으라는 주인장의 인심 또한 구수하다. "싱크대랑 냉장고 말고는 다 주워 온 거야. 바닥부터 천장까지 매일매일 조금씩 매만졌더니 지금처럼 되더라고. 남들은 구질구질하다 할지 몰라도 난 여기가 참 좋아. 볼수록 맘에 들어. 구석구석 내 손 안 간 데가 없으니까."

아내(패션 디자이너 한혜자 씨가 그의 아내다)와 한 건물에 동고동락하던 그가 청담동 작업실을 접고 양평으로 들어와, 허허벌판 척박한 땅에 작업실 짓고, 씨 뿌려 텃밭 가꾸고, 땀 흘려 몸으로 일하다 보니 시간이 훌쩍 지나갔다. "내가 노력한 거에 비해선 운이 좋은 편이야. 특히 농사가 그래. 배추가 비싼 해는 배추 농사가 잘되고, 고추가 비싼 해는 고추 농사가 잘되거든. 여기 온 뒤론 거의 90% 이상이 자급자족이야. 봄이면 나물이랑 상추, 오이 같은 것들 따 먹고, 가을이면 내가 심은 배추랑 고추 따서 김치도 담궈 먹고…. 그래서 내가 어딜 잘 못 간다니까. 애들이 목마르다고 자꾸 날 부르는 거 같아서." 이젠 농부라 불러도 손색이 없을 만큼 땅 갈고 씨 뿌리는 게 능숙한 그다. 하지만 이곳에 오기 전까지만 해도 그는 농사라곤 지어본 적 없는 천상 도시 사람이었다. 서울에서 나고 자란 데다 홍대 미대를 졸업한 뒤론 작품 말고는 다른 걸 생각할 틈이 없었으니까. "60이 내 인생의 고비였던 것 같아. 왜 우

1 철판을 잘라 만든 책꽂이는 작업 도구를 수납하는 데도 유용하다. 2 아이디어를 구체화시키는 모형 작업은 그를 즐겁게 만든다. 3 '머리에 수만 번, 종이에 수백 번. 그러나 몸으로 하는 시간은 가능한 한 짧게.' 안재복식 작업 철학이 낳은 스케치의 흔적들. 4 안재복 씨가 만든 예수는 유독 팔이 길다. 그 긴 팔로 자신의 부족함을 감싸 안아주길 바라는 마음 때문이다.

리나라 사람들, 예전에는 60만 살면 끝인 줄 알았잖아. 더 살면 덤으로 산다 생각하고…. 책에 보면 비워라, 버려라 그러는데, 굳이 비우려 하지 않고 버리려 하지 않아도 그런 때가 오더라고. 한땐 나도 스스로에게 굉장히 엄격한 사람이었어. 바보처럼 강한 척했던 거지. 하지만 요즘은 나 자신을 즐겁게 하려고 노력해. 내가 즐거우면 내가 하는 일, 내가 만나는 사람이 모두 즐거워지니까." 욕심을 버리고 마음을 비우자 그는 자유로워졌다. 생활 또한 더 충실하고 온전해졌다.

"아침 6시나 7시면 잠이 깨. 눈뜨면 일어나서 닭이랑 거위랑, 오리랑 개 돌보고 9시쯤 작업실로 건너오지. 매일 똑같아. 오전엔 거의 책 보고, 메모하고, 아이디어 구상하고, 오후부터 노가다 하는 거지. 작업을 하든, 밭에 나가 일을 하든, 딱 정해놓고. 사람이 말야, 몸하고 영혼 두 가지가 합쳐진 거라고 하잖아. 몸은 물질이니 힘든 노가다 시키고, 영혼은 형체가 없으니 자유롭게 뛰놀게 하는 거지, 뭐." 이런 그의 영혼을 사로잡은 것이 있으니 홍천에 마련해놓은 또 다른 작업실(이곳도 컨테이너 박스를 개조한 공간이다)을 이곳처럼 번듯하게 꾸미는 일, 그리고 최소의 비용으로 최고의 행복을 누릴 수 있는 작품을 만드는 일이다. "난 군용軍用을 좋아해. 군용은 합리적이거든. 디자인이 굉장히 잘돼 있어. 아주 편리하지. 결국 디자인이란 사람을 행복하게 만드는 모든 요소를 의미하잖아. 요즘은 가로 120cm, 세로 240cm짜리 철판 하나로 여덟 사람이 앉을 수 있는 의자를 시리즈로 만드는 중이야. 보기엔 단순하고 별것 아닌 것처럼 보이지만, 치밀하게 계산해야 돼. 매번 구부리고 자를 수 없으니 머릿속으로 쉴 새 없이 구상하고 재단하는 거지. 완성된 작품을 보면 기분이 경쾌해져. 앉으면 편안하고. 최소의 비용으로 최고의 기쁨을 누린달까."

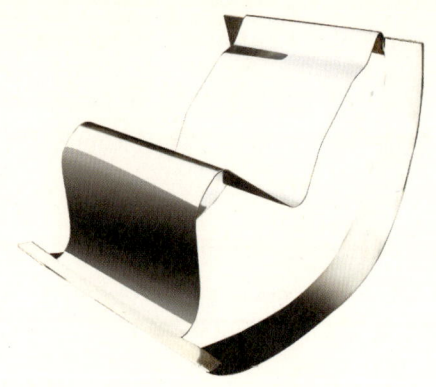

안재복 씨가 만든 철제 의자는 차갑지만 아늑하다. 앉는 이를 배려하는 마음이 스며 있는 까닭이다.

2007년 서울리빙디자인페어에 선보여 관람객들의 찬사를 한 몸에 받았던 철제 의자 작품들에서 그는 한걸음 더 나아간다. 보잘것없는 철판을 구부리고 부풀려 편안하지만 위트 넘치는 의자로 부활시킨 데 그치지 않고, 한 사람보다는 여러 사람을 행복하게 만드는 방법에 골몰하고 있는 것이다. 그런 그의 마음이, 너무 단순해 언뜻 보아 심심해 보이는 작품을 더욱 빛나게 만든다. "내 작품이 각광받았던 건 작품이 좋아서라기보다 쉴 곳을 줬기 때문이지, 뭐." 지나친 겸손이지만, 그의 말마따나 그의 작품은 관람객들이 바쁜 마음, 지친 다리를 잠시 쉬어갈 수 있도록 행사 기간 내내 편안하고 여유로운 쉼터 역할을 톡톡히 해냈다. 리빙디자인어워드의 인기상은 그 작은 보답이었던 셈이다.

삶이 곧 예술이길 꿈꾸다

　　양평에 내려온 이후 그의 삶은 단조롭지만 풍요로워졌다. 작고 사소한 데서 즐거움을 찾은 덕분이다. "시골 생활하면서 가장 기분 좋을 때가 언제인 줄 알아? 여름이면 아침 일찍 빨아 널어둔 셔츠가 점심 무렵 빳빳하게 마르거든. 그걸 몸에 걸치면 기분이 얼마나 상쾌한지 몰라." 참으로 소박한 행복이다. 작품이 잘될 때 제일 기분이 좋다, 같은 의례적인 말은 그에겐 해당 사항이 없다. 하나부터 열까지 그가 직접 꾸미고 설계한 그의 작업실 내부도 소박하긴 마찬가지다. 특히 쉼터는 더 말할 나위가 없다. 오래된 한옥이 헐릴 때 주워 왔다는 기다란 평상 위론 그가 만든 철제 책꽂이가 지그재그로 매달려 있고 한편엔 인체를 형상화한 그의 레진resin 작품이 비스듬히 앉아 있다. 크게 진흙 작업실과 철물 작업실로 나누어진 대형 작업실처럼 그의 작품 이력이 고스란히 녹아 있는 공간이다. 너른 창문 위로 빛이 쏟아져 들어오는 이른 오전은 그가 가장 좋아하는 시간. 평상 위에 깔린 부드러운 털 깔개에 몸을 눕히고 마음에 드는 책을 골라 읽고 있노라면 욕심이나 편견 따윈 스밀 곳이 없

1 안재복 씨의 사랑을 듬뿍 받고 있는 '비'. 의젓하고 잘생긴 품이 제법이다. 2 딸이 준 선물 상자를 활용해 만든 벽걸이 작품. '세희가 준 약 상자 0802'로 시작하는 메모가 정겹다.

다. 몸을 일으켜 한 발 내디디면 반들반들한 자갈이 밟히고, 한편에 맺들어진 음을 금세라도 쏟아낼 법한 첼로가 그의 손길을 기다리고 있다. "만날 여기저기 기웃거리느라 해놓은 게 없어 그렇지, 내가 잘하는 건 없어도 호기심은 많아. 특히 손으로 하는 건 다 좋아해. 요즘 유행하는 캘리그래피에도 관심이 많고, 한땐 이태리 요리도 배웠어. 첼로는 '솔' 소리 하나는 아주 오랫동안, 정확하게 낼 수 있어(웃음)." 하고 싶다는 생각이 들면 그냥, 맹목적으로 매달리는 게 안재복식 스타일이다. 그렇게 쌓인 경험이 그의 정신을, 그리고 그의 작품을 더욱 풍성하게 살찌우는 것. 그 맹목과 열정이 그저 놀랍고 부러울 따름이다.

좋은 걸 보면 혹어 잊을까 작업실 곳곳에 스크랩하고 메모해 두는 것도 그만의 작업 노하우. 신문 스크랩부터 딸이 선물한 약 상자를 재활용해 만든 벽걸이까지 종류도 다양하다. 손수 쓴 펜글씨로 "세희는 세 개의 상자를 주었습니다. 하나는 약, 하나는 케이크, 하나는 초콜릿. 신년, 생일, 그리고 '발렌타인'이래요" 라고 덧붙인 메모가 부녀간의 애틋한 정을 짐작케 한다. 아이디어 스케치와 모형 제작을 주로 하는 작업실에도 인상 깊은 메모가 매달렸다. "그저 죽지 않으려고 먹는 말자." 함축적인 언어가 마음을 친다. "메모하는 습관이 생긴 건 사실 머리가 나빠서야. 메모를 해 놔야 생각이 구체적이 되거든. 망상과 아이디어의 차이는 별게 아냐. 적어놓고 실천하는가, 아닌가에 달린 거지." 병풍 모양으로 캔버스를 이어 접이식 화폭을 만들고, 자투리 철판을 이용해 모빌 장식을 만드는 위트 넘치는 상상력도 어쩌면 메모의 힘일지 모르겠다. 잡동사니가 그득해 산만한 듯 보이지만 요모조모 쓸모 있게 구획된 작업실도 메모 덕을 본 것일 테고. "솔직히 여기 와서 작업 속도가 더 빨라진 건 아니야. 하지만 나 자신에겐 보다 충실해졌지. 그걸로 충분해. 젊을 땐 훌륭한 사람이 되려고 애썼고, 좋은 작품 하려고 욕심도 부렸지만, 이젠 다 털어 버렸어. 스스로에게 충실하면 나머진 저절로 잘되

메모와 손 글씨를 좋아하는 그는 매달 초 손수 달력을 만들곤 한다.

는 것 같아. 남은 건 그냥 지금처럼 건강하고 즐겁게, 행복하게 사는 거지. 이것도 욕심일 테지만, 내 삶이 예술 같다면 더 바랄 게 없고."

　　비움과 채움, 차가움과 따뜻함, 단순함과 치밀함. 그 모순의 이중주 속에서 삶은 계속된다. 중요한 건 그 안에 숨겨진 작지만 소중한 행복을 발견할 수 있는가 없는가이다. 다행스럽게도 안재복 씨는 양평에서 작고 사소해서 더욱 충만한 행복을 발견한 듯했다. 전염성 100%의 유쾌하고 즐거운 에너지도 함께. 재복在福, 이름만큼이나 복도 많은 작가다.

copyright

8page
미디어 아티스트 이용백
잘 놀고 제대로 일하고 싶은 이용백의 심플 라이프
글 : 최혜경, 사진 : 이우경, 박찬우

22page
판화가 구자현
지난한 노동 끝에 순백의 평면을 얻다
글 : 김성은, 사진 : 박찬우

36page
사진가 허명욱
세월의 흔적을 미화하는 독창적인 아틀리에
글 : 이지현, 사진 : 박찬우

44page
조각가 이재효
조각가의 손을 기다리는 돌과 나무 그리고 잎사귀
글 : 이지현, 사진 : 박찬우

60page
가구 디자이너 한정현
행복을 모으는 사진첩, 이야기가 있는 가구
글 : 이지현, 사진 : 박찬우

76page
푸드 스타일리스트 김정민
프로페셔널 주방에서 스타일이 요리된다
글 : 손영선, 사진 : 박찬우

84page
도예가 고덕우
투박해서 편안하고 그래서 더 아름답다
글 : 박유주, 사진 : 이우경

92page
문인화가 구지회
과거와 현재를 잇는 이화동 소석화실
글 : 곽소영, 사진 : 박찬우

102page
패션 디자이너 임선옥
진지와 유쾌가 공존하는 크리에이티브한 디자인
글 : 이지현, 사진 : 박찬우

118page
화가 백순실
커피향 짙은 캔버스 위에 자연의 숨결을 노래하다
글 : 이정민, 사진 : 이우경

128page
그래픽 디자이너 조현
타이포그래피로 이어가는 세상과의 소통
글 : 이지현, 사진 : 박찬우, 이경옥

136page
일러스트레이터 이철민
취향이 묻어나는 아지트, 작업실은 스케치북이다
글 : 이지현, 사진 : 박찬우

144page
궁중채화 장인 황수로
화려하게, 내밀하게 꽃으로 피어나는 비단 장식
글 : 이지현, 사진 : 박찬우

160page
가구 디자이너 유정민
담백하면서 모던하게, 나무의 온기를 지닌 디자인
글 : 이지현, 사진 : 박찬우, 이우성

176page
작가 이상일
외암리 84번지에 펼쳐지는 아티스트의 새로운 무대
글 : 이지현, 사진 : 박찬우

196page
도예가 신상호
예술혼을 불어넣은 흙과 색의 제국
글 : 이지현, 사진 : 박찬우

216page
인테리어 디자이너 홍희수
디자인과 컬러가 교감하는 감각적인 스튜디오
글 : 박은영, 사진 : 김재윤

224page
인테리어 디자이너 이우진
생각이 소요하는 공간, 자유로운 아틀리에
글 : 황여정, 사진 : 양재준

232page
인테리어 디자이너 김재화
창조와 휴식이 함께하는 디자이너의 홈 오피스
글 : 이지현, 사진 : 박찬우, 김주원

244page
화가 장원실
축사를 개조해 만든 작업실, 마른 자리
글 : 나도연, 사진 : 박건주

254page
도예가 이헌정
직관을 신봉하는 작업, 흙의 본성이 드러나도록
글 : 손영선, 사진 : 박찬우

270page
화가 이강소
거칠고 자유로운 붓놀림, 그 뒤에 그려지는 힘찬 평화
글 : 김성은, 사진 : 박찬우

284page
화가 김쾌민
잡동사니와 상념의 집합소, 자극을 주는 작업실
글 : 손영선, 사진 : 박건주

290page
화가 서용
시대를 뛰어넘어 흙벽에 새긴 영원한 여유
글 : 나도연, 사진 : 박건주

306page
조각가 안재복
쉴 곳을 선사하는 조각, 내 삶이 예술과 같다면
글: 최혜정, 사진 : 이우경

작업실, 구경
엿보고 싶은 작가들의 25개 공간

글·사진	〈행복이가득한집〉 편집부
1판 1쇄	펴낸날 2013년 11월 15일
1판 2쇄	펴낸날 2014년 3월 15일
펴낸이	이영혜
펴낸곳	디자인하우스
	서울시 중구 동호로 310 태광빌딩
	우편번호 100-855 중앙우체국 사서함 2532
대표전화	(02) 2275-6151
영업부직통	(02) 2263-6900
팩시밀리	(02) 2275-7884, 7885
홈페이지	www.design.co.kr
등록	1977년 8월 19일, 제2-208호
편집장	김은주
편집팀	박은경, 공혜진
디자인팀	김희정, 김지혜
마케팅팀	도경의
영업부	김용균, 오혜란, 고은영
제작부	이성훈, 민나영, 박상민
기획	행복이가득한집
글	이지현, 박유주, 박은영, 나도연, 손영선, 김성은, 최혜경, 황여정, 최혜정, 곽소영, 이정민
사진	박찬우, 이우경, 박건주, 김재윤, 양재준, 이경옥, 김주원
출력·인쇄	중앙문화인쇄

Copyright ⓒ 2013 by 행복이가득한집

이 책은 (주)디자인하우스의 콘텐츠로 출간되었으므로 이 책에 실린 내용의 무단 전재와 무단 복제를 금합니다.
(주)디자인하우스는 김영철 변호사·변리사(법무법인 케이씨엘)의 법률 자문을 받고 있습니다.

ISBN 978-89-7041-615-1 13600

값 15,000원